Seve Ballesteros
mit Robert Green

TROUBLE SHOTS
Schwere Schläge – leicht gemacht

Fotografiert von Dave Cannon

Jahr-Verlag Hamburg

Herausgegeben 1996 von
Roeder Publications Pte. Ltd.
179 River Valley Road #02-08
Singapore 0617

Copyright © Seve Ballesteros 1996

Fotografiert von David Cannon
im Club de Golf Valderrama, Spanien.
Golf-Regeln © 1995 Royal and Ancient Golf Club of St. Andrews
and the United States Golf Association

Alle Rechte in deutscher Sprache 1997

Jahr-Verlag GmbH & Co.
Jessenstrasse 1, D-22767 Hamburg
Telefon: 040/38 90 60
Telefax: 040/38 90 6-302

Deutsche Übersetzung: Helga Strelow
Redaktion: Gunther Marks, Helga Strelow
Titelgestaltung: Jens Dröse
Satz: Partner Satz GmbH Hamburg

Gedruckt in Singapur
Farbauszug von Daiichi Process Pte. Ltd.

ISBN 3-86132-199-8

Alle Rechte vorbehalten. Ohne vorherige schriftliche Genehmigung des
Verlages darf kein Teil dieses Buches reproduziert oder in irgendeiner
Form oder durch elektronische oder mechanische Mittel, einschließlich
Fotografie, Videoaufzeichnung oder irgendeine andere Form der Informations-
speicherung übertragen werden.

Die Deutsche Bibliothek - CIP-Einheitsaufnahme

Trouble Shots : Schwere Schläge – leichtgemacht / Seve Ballesteros mit Robert Green.
Photogr. von Dave Cannon. [Dt. Übers.: Helga Strelow. Red.: Gunther Marks : Helga
Strelow]. - Hamburg : Jahr, 1996
   Einheitssacht.: Trouble Shooting <dt.>
   ISBN 3-86132-199-8
NE: Ballesteros, Seve; Cannon, Dave; Marks, Gunther [Red.]; EST

INHALT

EINLEITUNG

Die Grundtechnik

Der Griff 13
Der Stand 15
Die Ausrichtung. 16

Am Hang

Lage hangaufwärts 21
Lage hangabwärts 25
Ball oberhalb der Füße 28
Ball unterhalb der Füße 33
Ball oberhalb der Füße hangaufwärts 36
Ball unterhalb der Füße hangabwärts 37
Schlag auf Zehenspitzen 42
Linkshändiger Schlag 42
Ball unterhalb der Füße hangaufwärts 43
Ball oberhalb der Füße hangabwärts. 47

Im Bunker

Lage hangabwärts 51
Schlag von der Bunkerkante 55
Eingegrabene Lage 59
Schlag an eine nah plazierte Fahne 62
Bunkerschlag mit dem Eisen 5 63
Schlag aus dem Fairway-Bunker 69

Im tiefen Rough

Flyer-Lage. 74
Keine Flyer-Lage 75
Schlag gegen die Wuchsrichtung 75
Schlag aus langem Gras 76
Pitch-Schag aus langem Gras 84
Schlag hangabwärts aus dem Rough 84
Fallschirm-Schlag 85
Rollender Ball nach Wedge-Schlag. 88

INHALT

Zwischen Bäumen

Der hohe Fade	98
Der flache Fade	99
Der flache Draw	102
Der hohe Draw	103
Der Punch-Schlag	106
Schlag aus Baumwurzeln	106
Bedeckte Lage	107
Schlag aus den Zweigen	111
Der eingeschränkte Schwung	111
Rechtshändiger Schlag mit der Schlägerspitze	112
Schlag auf den Knien	117
Schlag mit einer Hand	126
Linkshändiger Schlag	129

Schwierige Lagen

Langer Schlag aus einem Divot	136
Kurzer Schlag aus einem Divot	139
Schlag von steinigem Untergrund	139
Schlag von lockerem Boden	141
Schlag über ein Hindernis	142
Schlag aus dem Wasser	146

Spiel bei Wind und Wetter

Schlag gegen den Wind	153
Schlag mit dem Wind	157
Schlag bei Seitenwind von links	160
Schlag bei Seitenwind von rechts	161

Strategie

Analyse	164
Alternative Annäherung	165
Fallenlassen mit Strafschlag	167

EINLEITUNG

Es war während seiner Annäherung zum 18. Grün in Royal Birkdale in der zweiten Runde der British Open Championship 1976, als ich Severiano Ballesteros das erste Mal beobachtete. Es war ein herrlicher Juliabend in Southport, und er befand sich – damals noch ziemlich unbekannt – unter den Letzten, die noch auf dem Platz waren. Paarungen mit berühmten Spielern waren in jenem Jahr für ihn noch nicht angesagt.

Ich war nicht der einzige, der die letzten Schläge dieses Spieltags verfolgte. Der 19jährige Nordspanier – „El Kid", wie ihn einige Boulevardzeitungen flugs getauft hatten – hatte nach der ersten Runde mit einer 69 einen gemeinsamen ersten Platz belegt. Nun hatte er die Führung allein übernommen. Die Zuschauer, die 24 Stunden vorher noch nicht einmal seinen Namen gekannt hatten, und die Medien, denen entgangen war, daß er im Jahr zuvor die Rangliste auf dem Kontinent angeführt hatte, waren sich deshalb auch darin einig, daß in dieser Woche noch Großes von ihm zu erwarten war.

Nach einem gewaltigen Drive am letzten Loch, damals noch ein Par-5, benötigte der Golf-Matador nur noch ein Eisen 5 zum Grün. Sein Ball stieg in den lauen Sommerhimmel und landete mitten auf dem Grün. Zwei Putts später hatte er nach der halben Strecke dieser ältesten

Meisterschaft im Golf einen Vorsprung von zwei Schlägen. Sein härtester Verfolger war Johnny Miller, der „Golden Boy" des amerikanischen Golfsports, und dieser erzählte uns, – da der junge Mann aus Spanien nicht einmal über die elementarsten Englischkenntnisse verfügte, um uns das selbst zu sagen -, daß sein frühreifer Rivale eigentlich unter dem Namen „Seve" bekannt sei und daß er in dieser Open merkwürdigerweise mit einem Schlägersatz mit dem Logo von Johnny Miller spielte.

In einem Bericht über Seve aus jener Turnierwoche wird er als „aggressiver Spieler mit einem phantastisch freien und fließenden Schwung, einem Talent für sensationelle Recovery-Schläge, mit denen er seine unberechenbaren Drives ausbügeln muß, und einem wunderbar weichen Puttschlag" beschrieben. Zwanzig Jahre später sind die Drives zwar immer noch Seves Schwäche, aber seine Begabung für Recovery-Schläge ist nach wie vor unvergleichlich.

In jener Open wurde er nur Zweiter, da Johnny Miller schließlich mit sechs Schlägen Vorsprung gewann. Drei Wochen später jedoch holte sich Seve den Sieg in der Dutch Open mit acht Schlägen Vorsprung. Es war der erste von weltweit 70 Turniersiegen, darunter dreimal die Open Championship und zweimal die Masters in Augusta, eine weitere der vier großen Meisterschaften im Golf.

In den letzten 20 Jahren beobachtete ich Seve noch bei Tausenden von Schlägen, viele davon weit weniger alltäglich als das Eisen 5 damals zur Mitte des Grüns. Etliche fanden in diesem Buch Verwendung, um sein überragendes Talent zu illustrieren, atemberaubende Golfschläge zu erfinden und beinahe an Wunder grenzende Schläge sogar unter den Bedingungen eines scharfen Wettbewerbs als nahezu alltäglich zu präsentieren.

Neben den hier erwähnten gab es noch viele andere bewundernswerte Schläge. An jene Open des Jahres 1976 erinnern sich viele zum Beispiel nicht wegen Millers Sieg, sondern wegen des waghalsigen Chip-and-Run-Schlags, den Seve zum letzten Grün spielte und der zwischen zwei Bunkern landete. Diese Lage ermöglichte ihm das Birdie, das er für einen geteilten zweiten Platz benötigte. Zwölf Jahre später sicherte er sich mit einem ähnlichen Touch von lockerem Boden neben dem letzten Grün in Royal Lytham seinen dritten British Open-Titel.

Ich erinnere mich auch lebhaft an die World Match Play Championship 1983, wo Seve im Match der ersten Runde gegen Arnold Palmer kurz vor einer Niederlage stand. Palmer lag am letzten Loch in Wentworth ein Loch auf und war mit zwei Schlägen auf dem Grün, so daß Seves einzige Hoffnung darin bestand, zu einem Eagle drei einzulochen und ein Stechen zu erzwingen. Das Problem war, daß er etwa 20 Meter vom Grün und 35 Meter von der Fahne entfernt war. Er mußte also seinen Chip-Schlag einlochen. Und genau das tat er und besiegte Palmer anschließend im Stechen.

In keinem anderen Golftheater hat Seve sich regelmäßig so oft selbst übertroffen wie im Ryder Cup. Man denke nur an jenen unglaublichen Schlag aus einem Bunker am letzten Loch der Einzel im Jahr 1983 (auf den später noch Bezug genommen wird), oder an seinen versenkten Putt im Jahr 1987, mit dem er das Match gewann, oder seine glänzende Rolle beim Sieg Europas 1995, wo alle Augen auf ihn gerichtet waren. Und das waren nur einige Höhepunkte seiner Karriere.

Der Augenblick, der für mich das Außergewöhnliche an Seve Ballesteros besonders unterstrich, war im Ryder Cup 1991 in Kiawah Island, den die USA letztlich gewannen, als Bernhard Langer am letzten Loch der letzten Einzel einen Putt über eineinhalb Meter ausließ. Am Nachmittag zuvor lagen Seve und José Maria Olazábal, das großartigste Duo in der Geschichte dieses Wettbewerbs, im Vierball gegen Fred Couples und Payne Stewart bei vier noch zu spielenden Löchern eins down. Am 15. schien es, als müßten die Europäer dieses Loch zum all square gewinnen. Stewart hatten sie im Griff, Couples lag in einem Grünbunker. Doch dann hatte der das Loch plötzlich mit vier Schlägen beendet – sein Schlag aus dem Hindernis war direkt ins Loch gerollt. Es hatte so ausgesehen, als würden Olazábals vier Schläge das Loch für Europa sichern, aber nun mußte Seve einen 4.50-m-Putt hangabwärts zu einem Birdie drei versenken. Es war eine erschreckende Umkehrsituation für die beiden Spanier, denn plötzlich standen sie unter Druck, wo kurz vorher alles noch so einfach ausgesehen hatte. Dennoch schien überhaupt kein Zweifel daran zu bestehen, daß Seve den Putt versenken würde. Und so geschah es auch. Die letzten drei Löcher wurden halbiert und damit auch dieses besondere Match.

Diese unerschütterliche Entschlossenheit zeigt sich in Seves ganzem kurzem Spiel, und das dadurch bedingte Selbstvertrauen unterstützt seine positive Einstellung gegenüber den schwierigen und mißlichen Lagen, in denen er sich auf dem Platz häufig befindet – die Art von Situationen, die er Ihnen mit diesem Buch erleichtern will.

Vielleicht fragen Sie sich, ob diese Schläge tatsächlich auch von einem Durchschnittsgolfer gespielt werden können. Glauben Sie mir, das ist möglich. Mir ist es gelungen – und es gibt viele Tage, wo es eine prätentiöse Schmeichelei wäre, mein Spiel auch nur als „durchschnittlich" zu bezeichnen.

1990 erklärte mir Seve, wie man den „Fallschirm"-Schlag spielt, und er zeigte mir auch die Technik für diesen Schlag, der einem beim ersten Versuch als erschreckendes Risiko erscheint – einen vollen Schwung für einen Ball, der nur ein paar Meter weit fliegt. Beim ersten Versuch toppte ich meinen Ball in den Bunker direkt vor mir. Beim nächsten Versuch landete er – ehrlich! – ein paar Zentimeter vom Lochrand entfernt, näher als jeder von Seves früheren Bällen.

Ich war sprachlos vor Aufregung. „Da hast du es", sagte Seve vergnügt. „Verstehst du jetzt, was ich meine? Es ist gar nicht schwer." Aber natürlich war er nicht bereit, sich von mir die Schau stehlen zu lassen. Er nahm seinen Sand-Wedge, warf einen zweiten Ball auf den Boden und spielte den Schlag noch einmal. Diesmal lochte er ihn ein. Das ist ein weiterer Grund, warum er so erfolgreich bei seinen Trouble-Schlägen ist: Er gibt nie auf, gibt sich nie geschlagen. Und das sollten auch wir beherzigen.

„Manchmal ist es für mich besser, hinter einem Baum als auf dem Fairway zu liegen", sagte er mir einmal, als wir die Aufnahmen für dieses Buch in Valderrama in Südspanien machten. Er sagte es zwar mit einem Grinsen, aber gleichzeitig mit dem bedeutungsvollen Ausdruck in seinem Gesicht, den er sich patentieren lassen sollte. „Dann stelle ich mir die Flugbahn des Balls, den ich schlagen muß, und was zur erfolgreichen Ausführung zu tun ist, besser vor."

Nach der Lektüre dieses Buches wird es hoffentlich auch Ihnen gelingen, einige dieser Schläge vor Ihrem geistigen Auge zu sehen.

Robert Green

Robert Green

DIE GRUNDTECHNIKEN

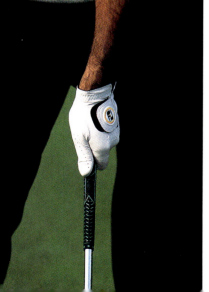
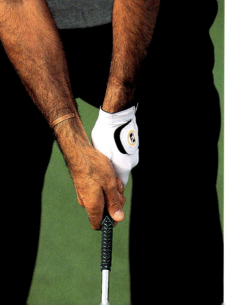
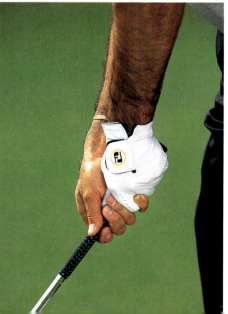

ÜBERPRÜFUNG DES SCHWUNGS

Ich weiß, ich weiß. Sie können es kaum erwarten, bis ich endlich zu den waghalsigen Schlägen aus fast unmöglichen Lagen komme, um die es mir in diesem Buch in erster Linie geht. Wahrscheinlich haben Sie das Buch schon längst durchgeblättert, um zu sehen, wie der einhändige Schlag nun eigentlich funktioniert. Mit Sicherheit sind Sie überzeugt, daß Sie es nicht nötig haben, noch einmal die Grundtechnik durchzugehen, die Sie schon vor zehn oder zwanzig Jahren gelernt haben. Aber dazu möchte ich Ihnen sagen, daß es viele Golfpros gibt, die ihr ganzes Leben zwischen Platz und Driving Range verbringen, die im Lauf der Jahre nachlässig in der Ausführung ihres Schwungs geworden sind und nun einen gewissenhaften, guten Coach benötigen, der ihr Spiel wieder auf die Reihe bringt. Testen wir also zunächst Ihr Wissen ein wenig, bevor wir uns an die aufregenden Schläge wagen, die mit einem guten Schwung möglich sind.

Es ist unmöglich, beständig gutes Golf zu spielen, wenn Ihr Spiel nicht auf einer soliden Technik beruht, d.h., auf einem korrekten Griff, einem festen Stand, einer guten Haltung und einer akkuraten Ausrichtung. Wenn Sie diese wesentlichen Dinge durch viel Training in Ihrem Schwung automatisiert haben, wird Ihr Körper die richtigen Bewegungen ganz von selbst machen, ohne daß Sie bei jedem Schlag darüber nachdenken müssen. Dann haben Sie eine gute Chance, den geforderten Schlag zu spielen, wie und wann Sie wollen. Und nur dann werden Sie aus den Ratschlägen dieses Buchs Nutzen ziehen können und auf Sicht gesehen Ihren Score verbessern. Wenn Sie jedoch meinen, Sie könnten auch ohne die richtige Grundtechnik ein guter „Trouble-Spieler" werden, dann ist das so, als ob Sie losrennen wollten, bevor Sie gehen können.

Der Griff

Der Griff ist für jeden Golfer der wichtigste Faktor, um immer wieder einen verläßlichen Schwung zu vollführen. Schließlich haben Sie während des Schwungs nur über den Griff Kontakt mit dem Schläger. Er dirigiert den Schlägerkopf durch den ganzen Schwung hindurch und entscheidet über Erfolg oder Mißerfolg Ihrer Schläge. Die Art des Griffs ist dabei unwesentlich, solange Sie sich wohl und sicher damit fühlen.

Einige Weltklasse-Spieler haben einen Griff, der mit den am häufigsten benutzten Griffarten nicht übereinstimmt. Bernhard Langer zum Beispiel hat einen starken Griff, d.h., er dreht seine Hände aus der normalen Position nach rechts im Uhrzeigersinn, während mein Ryder-

---

Der Griff

Ohne einen guten, verläßlichen Griff können Sie kein gutes Golf spielen. Und so greifen Sie den Schläger:
GEGENÜBERLIEGENDE SEITE, LINKS AUSSEN:
Legen Sie den Schlägergriff in die linke Hand.
MITTE LINKS:
Halten Sie den Griff hauptsächlich in der Handfläche, und pressen Sie den Daumen leicht rechts von der Mitte gegen den Griff.
LINKS UNTEN:
Das von Daumen und Zeigefinger gebildete „V" sollte zur Brustmitte zeigen, und Sie sollten die Knöchel von Zeige- und Mittelfinger sehen können.
MITTE UNTEN:
Nun legen Sie die rechte Hand an den Schläger. Das von dieser Hand gebildete „V" zeigt zwischen rechte Schulter und Brust. Von der rechten Hand können Sie nur den Knöchel des Zeigefingers sehen.
RECHTS OBEN UND UNTEN:
Der kleine Finger meiner rechten Hand ruht auf dem Zeigefinger der linken, der Daumen und die anderen Finger umfassen den Schläger.

Cup-Partner José Maria Olazábal einen schwachen Griff hat. Und beide Spieler haben zusammen drei Masters-Titel gewonnen.

Ähnlich wie Bernhard und José Maria spielen vielleicht auch Sie Ihr bestes Golf mit einem nicht ganz orthodoxen Griff, aber bei diesen beiden handelt es sich um außergewöhnliche Spieler, die ihr Leben lang an ihrem Spiel arbeiten. Wenn das auf Sie nicht zutrifft, sollten Sie sich lieber an die Norm halten, denn damit haben Sie die größte Chance, das Beste aus Ihrem Schwung herauszuholen.

Ich verwende den „overlapping grip" nach Harry Vardon, der diesen Griff durch seinen sechsmaligen Rekordsieg in der British Open Championship populär machte. Die meisten Spitzenpros spielen mit dem Vardon-Griff. Andere kommen besser mit dem „interlocking grip" zurecht, wie z.B. einer der größten Golfer aller Zeiten, Jack Nicklaus. Frauen, Jugendliche und Golfer mit kleinen Händen ziehen meisten den „overlapping grip" vor. Beide Griffe sind sich ähnlich, und die Ausgangsposition ist ziemlich die gleiche.

Legen Sie den Griff des Schlägers quer über Zeige- und Mittelfinger Ihrer linken Hand. Dann pressen Sie den Daumen gegen den Griff, leicht rechts von der Mitte, und strecken ihn so weit den Schaft hinab, wie es Ihnen angenehm ist. Dadurch ruht der Griff vorwiegend in der Handfläche. Das von Daumen und Zeigefinger gebildete „V" sollte gerade auf Ihre Brustmitte zeigen.

Achten Sie auf eine ganz natürliche Haltung der Hand. Drehen Sie sie weder zu stark nach links noch nach rechts. Stellen Sie sich vor, Sie würden jemandem die linke Hand reichen. Bei einem richtigen und festen Griff der linken Hand können Sie die Knöchel des Zeige- und Mittelfingers sehen. Sind mehr als zwei Knöchel sichtbar, ist der Griff zu stark. Er führt dann zu einer geschlossenen Schlagfläche im Treffmoment und zu einem Hook. Wenn Sie nur einen Knöchel sehen können – oder noch schlimmer, gar keinen –, dann ist Ihr Griff zu schwach, und die Schlagfläche öffnet sich im Treffmoment, so daß ein Slice die Folge ist.

Kommen wir nun zur rechten Hand. Bei meinem „overlapping grip" liegt der kleine Finger der rechten Hand auf dem Zeigefinger der linken. Die anderen Finger und der Daumen der rechten Hand legen sich um den Schlägergriff. Beim „interlocking grip" dagegen ist der kleine Finger der rechten Hand mit dem Zeigefinger der linken verschränkt.

Zum Schluß noch ein Wort zum Druck Ihres Griffs. Haben Sie jemals darüber nachgedacht? Ist er unterschiedlich? Verkrampfen Sie in Streßsituationen und pressen Ihren Griff beim Abschlag? Halten Sie Ihren Schläger fest, aber nicht verkrampft. Greifen Sie ihn, als würden Sie einen kleinen Vogel in den Händen halten, wie Sam Snead zu sagen pflegte. Wenn Sie ihn zu stark umklammern, drücken Sie den armen Vogel tot. Halten Sie ihn zu leicht, fliegt er Ihnen davon.

Bei einem zu schwachen Griffdruck rutscht der Schläger in Ihren

Händen, und Sie haben keine Kontrolle über Ihre Schläge. Ist Ihr Griff andererseits zu verkrampft, erzeugen Sie Spannung in den Unterarmen. Sie verlieren Schlägerkopfgeschwindigkeit und versuchen wahrscheinlich, diesen Verlust durch einen zu schnellen Schwung zu kompensieren, was die Sache nur noch schlimmer macht. Sie müssen genügend Druck ausüben, um den Schläger unter Kontrolle zu haben. Sie wollen wissen, wieviel „genügend" ist? Ich kann es Ihnen nicht sagen, denn jeder Schwung ist verschieden, und jeder Golfer benötigt einen unterschiedlichen Griffdruck, um seinen Schläger zu kontrollieren. Den für Ihren Schwung richtigen Griffdruck können nur Sie selbst herausfinden.

Der Stand

Mit der Ansprechposition, also mit Stand und Haltung, geben Sie Ihrem Schwung buchstäblich eine gute Basis, ohne die Sie nicht ordentlich schwingen können. Wenn Stand und Haltung schon unter idealen Bedingungen wichtig für Ihr Spiel sind, dann gewinnen sie bei schlechter werdender Lage erst recht an Bedeutung. In den folgenden Kapiteln werden wir sehen, daß eine gute Ansprechhaltung die Voraussetzung für gute Schläge im allgemeinen und für Problemschläge im besonderen ist.

Ein kritischer Aspekt beim Stand ist die Entfernung der Füße voneinander. Ich selbst halte meine Füße schulterbreit auseinander, obwohl andere Spieler einen breiteren Stand bevorzugen, um die Stabilität während ihres Schwungs zu erhöhen. Das hat etwas für sich, obwohl ich häufig beobachte, daß Amateure die Sache übertreiben und sich deshalb nicht so gut durch den Ball hindurch drehen können, wie sie eigentlich sollten.

Für eine richtige Bewegung während des Schwungs beugen Sie die Knie etwa 15 Grad und den Oberkörper um etwa 20 bis 25 Grad nach vorne. Die für Sie genauen Winkel hängen von Ihrer Körpergröße und Ihrem Körperbau ab. Die richtige Haltung finden Sie am besten durch Übung heraus. Wenn Sie sich zu weit nach vorne beugen, verlieren Sie beim Schlag das Gleichgewicht. Beugen Sie sich nicht genügend, können Sie sich nicht richtig drehen.

Lassen Sie sich durch gelegentliche Fehler in der Ansprechhaltung nicht entmutigen. Das passiert manchmal selbst den besten Spielern. Wie oft konnte man schon lesen, daß selbst Spieler wie Nick Faldo oder Greg Norman ihre schlechte Leistung auf eine fehlerhafte Ansprechhaltung zurückführten. Wir professionellen Golfer verbringen viele Stunden mit der Grundtechnik, aus dem einfachen Grund, weil sie eben die Voraussetzung für alles andere ist.

Es gibt sehr unterschiedliche Auffassungen darüber, von wo der Ball

Der Stand

*OBEN:
Dies ist eine gute Übung. Legen Sie zwei Schläger zu beiden Seiten des Balls parallel auf den Boden, so daß Sie zum Ziel gerichtet sind. Stellen Sie sich nun an den Ball...*

im Verhältnis zum Stand gespielt werden sollte. Manche Golfer spielen ihn zunehmend von weiter hinten, je kürzer die Schläger werden – also z.B. von einer Stelle gegenüber dem linken Absatz beim Spiel mit dem Driver und aus der Mitte des Stands beim Wedge. Ich halte das für keine gute Idee, einfach, weil die Gleichung dadurch zusätzlich eine unnötige Veränderliche erhält.

Ich spiele den Ball bei jedem normalen Schlag von einer Stelle innerhalb meines linken Absatzes, und zwar mit jedem Schläger in der Tasche. Sie werden jedoch feststellen, daß sich diese Position erheblich ändern muß, wenn Sie Ihren Bällen eine bestimmte Flugbahn geben wollen oder sie aus schwierigen Lagen heraus manövrieren müssen. Bei einem normalen Schlag von ebener Lage braucht man nur die Ausrichtung der Füße anzugleichen. Beim Spiel mit den längeren Schlägern (vom Driver bis zum Eisen 4) sollte der Stand leicht geschlossen sein. Beim Eisen 5 bis zum Eisen 7 ist er leicht geöffnet. Bei den kurzen Schlägern ist er noch offener.

Ein Aspekt der Ansprechhaltung, der besonders Golfern mit hohem Handicap immer wieder Schwierigkeiten bereitet, ist der Abstand vom Ball. Für mich ist die Lösung sehr einfach. Nehmen Sie Ihren Stand ein, und strecken Sie die linke Hand so weit nach vorne, wie Sie sich noch entspannt fühlen. Dann greifen Sie den Schläger so, daß die Sohle auf dem Boden aufliegt. Nun haben Sie den richtigen Abstand zum Ball.

Wenn Sie Ihre Ansprechhaltung eingenommen haben, sind Füße, Knie, Hüften und Schultern parallel zur Linie zum Ziel. Um den Ball als Fade zu schlagen, richten manche Golfer ihre Füße ein wenig geöffnet zur Linie zum Ziel aus, bzw. leicht geschlossen für einen Draw. Wichtig ist, daß Sie sich bei Ihrer Haltung wohl fühlen. Dann haben Sie die besten Chancen, unter allen Gegebenheiten einen beständigen, akkuraten Schlag zu spielen.

Die Ausrichtung

Auf den Photographien gegenüber können Sie sehen, wie ich am Ball stehe und ziele. Die Ausrichtung entscheidet über die Flugrichtung des Balls. Wenn Sie auf dem Platz in Schwierigkeiten geraten, ist dies in den meisten Fällen auf eine schlechte Ausrichtung zurückzuführen.

Um richtig zu zielen, stelle ich mich zuerst hinter den Ball und blicke zu meinem Ziel. Dies ist normalerweise eine Stelle auf dem Fairway oder ein Teil des Grüns, obwohl, wie Sie später noch sehen werden, es durchaus auch eine Öffnung zwischen zwei Bäumen sein kann.

Wenn ich hinter dem Ball stehe, stelle ich mir eine imaginäre Linie zwischen Ziel und Ball vor, indem ich zuerst zum Ziel hinsehe und von dort die unsichtbare Linie zurück zum Ball ziehe. Als nächstes stelle ich mich an den Ball und setze die Schlagfläche hinter ihn. Ich halte den

Schläger dabei in der rechten Hand und achte darauf, daß die Schlagfläche immer noch entlang der Linie zum Ziel zeigt. Sobald ich den Schläger mit beiden Händen richtig umfaßt und meinen Stand eingenommen habe, blicke ich wieder zum Ziel und prüfe, ob die Linie immer noch so verläuft, wie ich sie mir vorgestellt habe. Erst dann bin ich fertig zum Schlag.

Auf den hier abgebildeten Fotografien habe ich zu beiden Seiten des Balls zwei Schläger auf dem Boden ausgelegt. Dies ist eine gute Übung, wenn Ihre Genauigkeit zu wünschen übrigläßt. Stellen Sie sich hinter den Ball, und blicken Sie zum Ziel, wie Sie es normalerweise tun. Dann legen Sie die beiden Schläger parallel zueinander in Richtung Ziel. Nehmen Sie nun Ihre Ansprechhaltung ein. Wenn Sie sich bei Ihrem Stand unbequem fühlen oder Ihre Bälle von der beabsichtigten Linie zum Ziel abweichen, müssen Sie Ihre Ansprechhaltung entsprechend angleichen. Nach einigen Übungsstunden hat sich Ihr Körper an die Korrektur gewöhnt, und Sie werden den Ball wieder gerade schlagen.

Noch ein letzter Tip zur Routine vor dem Schlag. Gewöhnen Sie sich an, zu waggeln. Bewegen Sie Körper und Schläger beim Ansprechen leicht nach hinten und vorne, um die Spannung abzubauen. Wenn Sie zu lange regungslos über dem Ball verharren, wird der ganze Körper zu angespannt. Dies wiederum verhindert einen anständigen Schwung. Gewöhnen Sie sich eine Routine vor dem Schlag an, und halten Sie unter allen Umständen daran fest, vom ersten Loch bis zum letzten Siegputt. Sie werden feststellen, daß sich eine solche Wiederholung bezahlt macht.

Nun, wie lief es bei der kleinen Überprüfung Ihrer Grundtechnik? Sind Ihre Routine und Ihre Ansprechhaltung seit Ihrer letzten Unterrichtsstunde schon ein wenig nachlässig geworden? Achten Sie auf eine gute Grundtechnik, und Sie werden bald besseres Golf spielen. Selbst wenn Sie nicht in bester Form sind, werden die folgenden Kapitel Ihnen helfen, die Folgen schlechter Gewohnheiten zu minimieren.

Sie wissen, daß die Schläger in die richtige Richtung zeigen. Beugen Sie die Knie, und neigen Sie den Oberkörper ein wenig nach vorne.
OBEN:
Die Füße sollten schulterbreit auseinanderstehen.

AM HANG

EIN BESSERES VERSTÄNDNIS FÜR HANGLAGEN

Ich kenne keine Stelle auf dem Golfplatz, an der Amateuren so viele Fehler unterlaufen wie an Hügeln und Hängen. Manche schaffen es gerade mal, ein Stück Gras aus dem Hang zu schlagen, ohne den Ball auch nur einen Zentimeter zu bewegen. Andere toppen den Ball und stolpern dann im Durchschwung über ihre eigenen Beine.

Golfer mit hohem Handicap finden ihren Ball häufig in unebenen Lagen im Rough. Doch selbst nach einem perfekten Schlag aufs Fairway liegt der Ball nicht immer absolut eben, wie Ihnen jeder, der schon einmal einen britischen Links-Platz gespielt hat, bestätigen wird. Lagen hangaufwärts, hangabwärts und verschiedene Kombinationen von seitlichen Hanglagen erfordern, daß man sich auf das Terrain einstellt. Es ist leicht, wenn man weiß, wie.

Als ich als Kind mit Golf anfing, wußte ich nichts von Schwungtechnik, und schon gar nichts von Hanglagen. Ich lernte durch Ausprobieren, indem ich einen Ball nach dem anderen aus Schluchten, von steilen Hügeln, Hängen voller Felsgestein und aus unebenen Lagen in hohem Gras, bedeckt mit Laub und Zweigen, spielte. Ich hatte gar keine andere Wahl, denn ich besaß nur einen Schläger, ein altes Eisen 3, das meinem Bruder Manuel gehörte, und die ersten Gegenstände, die ich schlug, waren häufiger Steine als Bälle. Es war gar nicht daran zu denken, daß man mich auf dem Platz hätte spielen lassen.

Auf diese unorthodoxe Art fand ich heraus, was funktionierte und was nicht. Ich benutzte meine Phantasie und sah die Schläge vor meinem geistigen Auge so deutlich vor mir, daß ich mit dem Körper fühlte, was ich tun mußte, um mein Ziel zu erreichen und den Ball aus einer schwierigen Lage zurück ins Spiel zu bringen. Es ist sehr wichtig, daß auch Sie Ihre Phantasie benutzen und diese Trouble-Schläge angehen wie ein Erfinder eine herausfordernde Aufgabe.

Da Ihr Ball so häufig unter einem Baum, im tiefen Gras, unter einer Bunkerkante oder im Divot eines anderen Spielers landet, sollten Sie immer mit einer positiven mentalen Einstellung auf den Platz gehen. Wenn Sie von vornherein schon denken, daß Ihr Ball dort drüben im Bunker landen wird, wird Ihr Körper mit ziemlicher Sicherheit entsprechend negativ reagieren. Wir alle haben es hin und wieder mit Trouble-Schlägen zu tun. Stellen Sie sich also darauf ein, mit den Folgen Ihrer verirrten oder einfach verunglückten Bälle fertig zu werden.

Vor allem dürfen Sie nicht gegen den Hang ankämpfen. Lassen Sie Ihren Körper sich den Konturen des Terrains so gut wie möglich anpassen, so daß Sie genau wie bei einer flachen Lage beinahe im rechten Winkel am Ball stehen. Auf diese Weise schaffen Sie die beste Basis für Ihren Stand und vermeiden einen Gleichgewichtsverlust. Sie fühlen sich bequemer, spielen entspannter und erzielen einen besseren Score.

Je nach Hanglage erhält Ihr Ball einen unterschiedlichen Drall, der die Flugbahn verändert und die Länge des Flugs beeinträchtigt. Als Faustregel läßt sich sagen, daß der Ball um so länger durch die Luft fliegt und einen um so stärkeren Seitwärtsdrall erhält, je länger der Schläger oder je steiler der Hang ist. Die Schlägerwahl ist daher bei unebenen Lagen besonders wichtig. Wie der Ball sich bewegt, hängt von der Art des Hangs ab, wie wir gleich sehen werden. Von einem Hang kann man das Ziel niemals direkt anspielen, und man muß immer einen offenen oder geschlossenen Stand einnehmen, um den durch den Hang verursachten Seitwärtsdrall auszugleichen.

Bei Schlägen von Hanglagen, besonders solchen, bei denen mehrere Faktoren zusammenkommen, tun sich viele Golfer schwer damit, beim Ansprechen die korrekte Ballposition zu finden. Je nach individuellem Schwung, Neigung des Hangs und Art des beabsichtigten Schlags wird der Ball von einer Stelle gegenüber dem linken Absatz bis fast zum rechten Fuß hin gespielt. Hier ein Tip, um die für Sie richtige Ballposition zu finden.

Nehmen Sie Stand und Haltung für einen Übungsschlag ein, als würden Sie den Ball für einen richtigen Schlag ansprechen. Vollführen Sie nun Ihren Schwung, und achten Sie darauf, wo der Schlägerkopf im Verhältnis zu Ihren Füßen den Boden berührt. Wenn Sie sich nun auf den richtigen Schlag vorbereiten, spielen Sie den Ball im Verhältnis zu Ihrem Stand aus der entsprechenden Position, um ihn so sauber wie möglich zu treffen.

Lage hangaufwärts

Aus dieser Lage verläuft die Flugbahn des Balls nach links. Zum Ausgleich müssen Sie leicht nach rechts zielen. Auch hier gilt: Je steiler der Hang, desto stärker der Draw und desto sorgfältiger müssen Sie zielen, um den Drall von rechts nach links zu kompensieren.

Bei der Ausrichtung für diesen Schlag sollte der größte Teil des Gewichts auf der rechten Seite ruhen. Das rechte Bein ist weniger und das linke stärker gebeugt als normal. Beide Beine sollten nach vorne gebeugt sein, um einen bequemen Schlag zu ermöglichen. Die Schultern sind parallel zum Hang, so daß Sie im rechten Winkel am Ball stehen. Wenn Ihr Körper ganz natürlich eine ausgewogene Haltung findet, können Sie den Ball wie aus einer ebenen Lage spielen.

Beim Ansprechen des Balls auf diese Art und Weise verläuft die Linie Ihrer Schultern nicht in Richtung Ziel, sondern erheblich darüber. Mit anderen Worten hat Ihre Ansprechhaltung den Neigungswinkel des Schlägers effektiv vergrößert, so daß der Ball höher fliegt und schneller landet, als Sie erwarten. Stellen Sie sich also darauf ein, daß ein

Lage hangaufwärts

Bei einem Schlag hangaufwärts nehmen Sie einen längeren Schläger als normal, um einen Ausgleich dafür zu schaffen, daß der Ball schneller aufsteigt. Zielen Sie nach rechts von Ihrem Ziel, um die Flugbahn von rechts nach links auszugleichen.
NÄCHSTE SEITE, LINKS OBEN:
Halten Sie den größten Teil Ihres Gewichts auf der rechten Seite. Das rechte Bein ist ziemlich gerade, um das Gewicht zu tragen.
MITTE LINKS:
Aufgrund der Neigung des Hangs ist Ihre Hüftdrehung eingeschränkt.
LINKS UNTEN:
Im höchsten Punkt des Rückschwungs ist der Schläger daher nicht parallel zum Boden.
RECHTS:
Beachten Sie, wie gut ich mich beim Abschwung im Gleichgewicht befinde.
SEITE 23, OBEN:
Achten Sie darauf, beim Durchschwung unten zu bleiben, um einen vollen, kraftvollen Schläger/Ballkontakt herzustellen, und widerstehen Sie der Versuchung, sich aufzurichten.
LINKS UNTEN:
Meine Augen sind immer noch auf die Stelle gerichtet, wo der Ball lag, obwohl er nun schon ziemlich weit unterwegs ist.
RECHTS UNTEN:
Dieser Durchschwung läßt darauf schließen, daß ich mich während des ganzen Schwungs im Gleichgewicht befunden habe. So sollte auch Ihre Haltung im Finish sein.

Ball, den Sie aus ebener Lage mit dem Eisen 5 schlagen, bei Hangaufwärtslage je nach Neigung ein Eisen 3 oder 4 erfordert. Je steiler der Hang ist, desto mehr Schläger müssen Sie nehmen.

Bei einer Lage hangaufwärts spiele ich den Ball aus der Mitte meines Stands. Sie müssen selbst herausfinden, welche Ballposition Ihnen am besten liegt. Vermeiden Sie aber, den Ball zu weit vom linken Fuß zu spielen, da der Loft des Schlägers dadurch verstärkt wird.

Zu Beginn des Rückschwungs sollte der Schlägerkopf so weit wie möglich dem Hangverlauf folgen, um sicherzustellen, daß Ihre vertikale Schwungachse senkrecht zum Ball verläuft. Da der größte Teil des Gewichts auf dem fast geraden rechten Bein ruht, ist die Hüftdrehung im Rückschwung eingeschränkt, und Sie sollten diese auch nicht forcieren.

Konzentrieren Sie sich darauf, im Treffmoment hinter dem Ball zu bleiben. Beim Spiel von einem Hang werden Sie zuerst Schwierigkeiten haben, das Gleichgewicht zu halten, und den Ball deshalb weniger beständig treffen als aus einer ebenen Lage. Deshalb möchten Sie wahrscheinlich möglichst schnell feststellen, ob Sie den Ball gut getroffen haben, blicken auf und ziehen den Körper zusammen mit dem Kopf nach oben. Das müssen Sie auf jeden Fall vermeiden. Beim Spiel vom Hang müssen Sie länger als normal unten bleiben, was jedoch keinen vollen Durchschwung verhindern sollte. Wie Sie auf den Fotografien auf Seite 22 und 23 sehen, befinde ich mich während des ganzen Schwungs im Gleichgewicht. Versuchen auch Sie, Ihren Schwung auf diese Weise zu beenden.

Noch ein letztes Wort zu Hangaufwärtslagen: Wenn der Hang besonders steil ist und Sie den Ball möglichst flach halten wollen – zum Beispiel unterhalb von Baumzweigen oder bei starkem Wind –, können Sie auch einen anderen, aufrechteren Schlag spielen, indem Sie sich in den Hang lehnen, anstatt senkrecht dazu. In diesem Fall müssen Sie den Ball mit einem niedrigen Punch-Schlag spielen, auf den ich in Kapitel 5 noch näher eingehe.

Lage hangabwärts

Die Lage hangabwärts ist für die meisten Golfer ein größeres Problem als die Lage hangaufwärts. Genau wie bei letzterem Schlag müssen Sie so senkrecht wie möglich zum Hang stehen. Diese Haltung beeinflußt wiederum den Winkel, in dem der Ball abfliegt. Durch den Hang wird der Loft des Schlägers reduziert, so daß es schwierig ist, den Ball in die Luft zu bekommen. Wenn die Entfernung zur Fahne etwa im Bereich eines Eisens 6 liegt, sollten Sie aus dieser Lage ein Eisen 7 nehmen oder sogar Ihr Eisen 8 bei einem sehr steilen Hang. Obwohl Sie einen Schläger mit größerem Loft verwenden, wird der Ball nach der Landung weiter als bei einem normalen Schlag mit demselben Schläger rollen.

Lage hangabwärts

GEGENÜBERLIEGENDE SEITE:
Nehmen Sie einen Schläger mit etwas größerer Neigung als normal, und zielen Sie nach links vom Ziel. Der größte Teil Ihres Gewichts ruht auf dem linken Bein.
NÄCHSTE SEITE, VON LINKS NACH RECHTS UND OBEN NACH UNTEN:
Bei einer Lage hangabwärts schwingen Sie automatisch etwas steiler als normal. Machen Sie keine übertriebenen Bewegungen. Dadurch, daß Sie beim Ansprechen im rechten Winkel zum Hang stehen, sind die erforderlichen Kompensationen in Ihrem Schwung schon vorprogrammiert. Konzentrieren Sie sich darauf, im Treffmoment und darüber hinaus unten zu bleiben. Versuchen Sie nicht, den Ball in die Luft zu befördern. Diese Aufgabe übernimmt der Schläger mit dem größeren Loft. Arbeiten Sie an einem vollen Finish in absolutem Gleichgewicht.

**_Ball oberhalb_*
der Füße

NÄCHSTE SEITE, VON LINKS NACH RECHTS UND VON OBEN NACH UNTEN: Wenn der Ball oberhalb Ihrer Füße liegt, greifen Sie den Schläger kürzer, so daß das Schlägerende über Ihre Hände hinausragt. Richten Sie Füße und Schlagfläche nach rechts vom Ziel aus. Aufgrund der Hanglage fliegt der Ball nach links von der Stelle, auf die Sie zielen, und Ihre Schwungebene ist flacher als normal. Beachten Sie meinen engeren Stand, durch den ich diesen Effekt neutralisiere. Auf diese Weise stehe ich aufrechter am Ball. Den rechten Fuß habe ich etwas hinter den linken gezogen.

Ein hangabwärts gespielter Ball beschreibt meistens die Flugbahn eines Fade. Zielen Sie also nach links. Der Fade-Drall erhöht sich mit zunehmender Hangneigung, und nur durch Übung werden Sie herausfinden, wie weit Sie nach links zielen müssen, um die jeweilige Neigung auszugleichen.

Stellen Sie sich genau vor, wo der Ball auf dem Boden auftreffen soll, damit er auch wirklich dort landet, wo Sie ihn haben wollen. Bilden Sie sich jedoch nicht ein, daß dieser Ball wie eine Feder direkt an der Fahne stoppen könnte.

Da sich Ihr Körper im rechten Winkel zur Erde befinden sollte, müssen Sie natürlich den größten Teil Ihres Gewichts auf das linke Bein verlagern. Halten Sie die Knie gebeugt. Die Ballposition ist links von der Mitte des Stands, damit Sie den Schläger nicht in den Hang schlagen, anstatt den Ball zu treffen. Schwingen Sie den Schläger entlang dem Hangverlauf zurück, um die richtige Schwungebene zu gewährleisten. Ähnlich wie beim Schlag hangaufwärts wird auch durch die Lage hangabwärts die Hüftdrehung eingeschränkt, so daß der Schwung automatisch etwas steiler als normal ausfällt.

Auch bei diesem Schlag müssen Sie während des Schwungs ganz bewußt unten bleiben, da man den Ball bei dieser Lage nur allzu leicht toppt. Viele Golfer begehen den Fehler, den Ball aus dieser Lage in die Luft zu löffeln. Das ist nicht nötig. Schließlich haben Sie zu diesem Zweck einen Schläger mit größerer Neigung genommen. Bleiben Sie nur im Treffmoment unten, und überlassen Sie dem Schläger den Rest der Arbeit.

Ball oberhalb der Füße

Bei einer Lage des Balls oberhalb Ihrer Füße sind einige Änderungen an Ihrer üblichen Ansprechposition erforderlich. Sobald Sie jedoch Ihre Ansprechhaltung angepaßt haben, können Sie ganz normal schwingen.

Die erste und wichtigste Änderung ist, daß Sie den Schläger kürzer greifen, so daß das Schlägerende oberhalb Ihres Handschuhs sichtbar wird. Dies ist deshalb nötig, weil der Ball durch den Hang effektiv näher an Ihrem Schläger liegt. Und diesen Unterschied müssen Sie ausgleichen, wenn Sie nicht hinter dem Ball in den Hang schlagen wollen.

Richten Sie die Füße – und nicht nur die Schlagfläche – nach rechts aus. Durch die Hanglage verläuft die Flugbahn des Balls von rechts nach links, da der Schläger den Hang nur mit der Hacke berührt, wodurch die Schlagfläche im Treffmoment geschlossen wird. Wie groß die Abweichung in der Flugbahn ist, ergibt sich aus der Schlägerwahl und der Steile des Hangs. Der auf Seite 29 abgebildete Hang ist nicht besonders steil, so daß ich einen Pitching-Wedge benutze. Mit einem längeren Schläger müßte ich noch weiter nach rechts zielen, und dasselbe

Ball unterhalb der Füße

*RECHTS:
Bei einem Ball unterhalb Ihrer Füße greifen Sie den Schläger am Schaftende, so daß Sie leichter an den Ball heranreichen. Zielen Sie mit dem Körper und der Schlagfläche nach links, um die Wirkung des Hangs auszugleichen.
RECHTS UNTEN:
Durch den Hang erfolgt Ihr Schwung automatisch aufrechter als normal. Achten Sie darauf, im Treffmoment hinter dem Ball zu bleiben und ein gutes Gleichgewicht zu bewahren.
GEGENÜBERLIEGENDE SEITE:
Halten Sie das Gleichgewicht bis zum Finish. Nehmen Sie für diesen Schlag einen oder zwei Schläger mehr, um den durch die Flugbahn von links nach rechts verursachten Verlust an Weite zu kompensieren.*

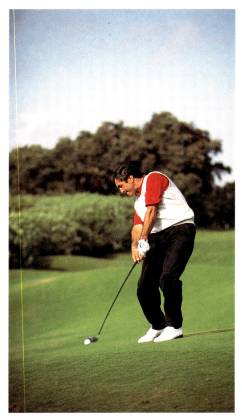

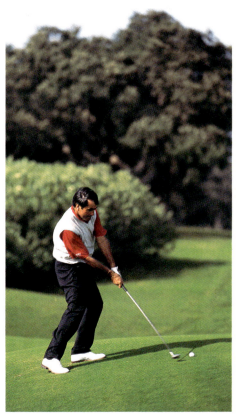

gilt, wenn der Hang steiler wäre. Bei einem Ball oberhalb meiner Füße muß ich in einer flacheren Ebene schwingen als normal. Um den Effekt dieser flachen Schwungebene auszugleichen, nehme ich einen engeren Stand ein, so daß ich möglichst aufrecht am Ball stehe – obwohl ich den Schläger tiefer greife. Sie sollten das genauso machen, um unter den gegebenen Umständen so aufrecht wie möglich zu schwingen. Mit dieser Angleichung können Sie den Schläger besser unter Kontrolle bringen und dank des spitzeren Winkels, mit dem Sie die Schlagfläche an den Ball bringen, verhindern, daß dieser zu niedrig startet.

Halten Sie den rechten Fuß beim Ansprechen des Balls ein wenig hinter dem linken. Diese Haltung ist angesicht der flachen Schwungebene bequemer. Spielen Sie den Ball selbst aus der Mitte Ihres Stands, vielleicht ein wenig weiter zum linken Fuß hin, wenn Sie einen längeren Schläger benutzen, und etwas mehr zum rechten Fuß hin bei einem kürzeren Schläger. Verteilen Sie Ihr Gewicht gleichmäßig auf beide Füße und ein wenig nach vorne zu den Zehen hin.

Bei jedem Schlag von einem Hang, besonders aber, wenn Sie seitlich am Hang stehen, ist es absolut wichtig, daß Sie von Anfang an und während des ganzen Schwungs ein gutes Gleichgewicht halten. Wenn Sie Gefahr laufen, vornüber zu fallen, wird Ihnen nie ein guter Schlag gelingen.

Bei einer Lage oberhalb der Füße werden die Spieler häufig dazu verleitet, ihren Körper über die Schlaglinie zu bewegen, womit sie dem Ball einen gewaltigen Schnitt geben. Das führt unweigerlich zu einem häßlichen Schwung und einem vorhersehbar schlechten Ergebnis. Schwingen Sie den Schläger statt dessen weit um Ihren Körper herum, um sicherzustellen, daß Sie den Rückschwung in einer flachen Ebene beenden. Abschwung und Durchschwung erfolgen mit einer fegenden Bewegung, als wollten Sie den Ball vom Boden wischen, anstatt scharf in seine Rückseite zu schlagen. Und vergessen Sie auf keinen Fall einen vollen Durchschwung.

Ball unterhalb der Füße

Dieser Schlag ist nicht leicht und erfordert eine Reihe von Anpassungen. Das beginnt schon bei der Schlägerwahl. Auf den Fotografien auf Seite 30 und 31 habe ich aus mehreren Gründen bewußt ein Holz 3 gewählt.

Bei einem Ball unterhalb der Füße schlägt die Schlägerspitze beim Abschwung meistens zuerst in den Boden, so daß die Schlagfläche im Treffmoment geöffnet wird. Dadurch beschreibt der Ball eine Flugbahn von links nach rechts, wodurch wiederum seine Weite reduziert wird. Der Hang, der eine steile Schwungebene bedingt, verstärkt diesen Ef-

Ball oberhalb der Füße hangaufwärts

GEGENÜBERLIEGENDE SEITE. LINKS AUSSEN:
Bei einer Lage hangaufwärts mit dem Ball oberhalb der Füße greifen Sie den Schläger weiter unten, um die Kontrolle über den Ball zu verbessern und einen bequemeren Stand zu erreichen.
MITTE LINKS OBEN:
Der Ball wird aus der Mitte des Stands gespielt.
UNTERE BILDREIHE:
Sorgen Sie mit Ihrer Körperhaltung für einen Ausgleich des Geländes, d.h., Kopf und Körpermitte bilden die Achse Ihres Schwungs.

Ball oberhalb der Füße hangabwärts

NÄCHSTE SEITE. LINKS OBEN:
Hier kommen zwei verschiedene Hangneigungen ins Spiel, so daß Sie vor allem auf einen bequemen Stand achten müssen.
MITTE LINKS:
Der Ball wird links von der Mitte gespielt, und der rechte Fuß wird etwas nach hinten gezogen.
LINKS UNTEN:
Mit der richtigen Ansprechhaltung können Sie einen vollen Schwung vollführen.
RECHTS UND SEITE 35:
Bleiben Sie während des Schlags unten, und lassen Sie sich durch die Kraft Ihres Schwungs in ein volles Finish hinein tragen.

fekt noch. Wählen Sie deshalb bei einem steilen Hang einen oder zwei Schläger mehr, damit Sie nicht zu kurz spielen. Mit einem längeren Schläger reichen Sie auch besser an den Ball heran, so daß Sie sich entspannter fühlen und besser schwingen.

Wie bereits gesagt, erfordern alle Schläge aus Hanglagen ein gutes Gleichgewicht. Bei einem Ball unterhalb Ihrer Füße sollten Sie ihn mit einem etwas breiteren Stand als normal ansprechen. Um eine stabile Grundlage für Ihren Schwung zu schaffen, verlagern Sie Ihr Gewicht mehr auf die Fersen. Da der Ball durch den Hang effektiv weiter von Ihnen entfernt liegt, brauchen Sie die gesamte Länge Ihres Schlägers, um an ihn heranzureichen, so daß Sie den Schläger also ganz am Schaftende greifen. Nehmen Sie dann eine Haltung wie für einen normalen Schlag ein.

Gleichen Sie den Fade-Drall, den der Ball erhält, aus, indem Sie Stand und Schlagfläche schließen. Je steiler der Hang und je länger der Schläger, desto stärker die Neigung des Balls, eine Kurve nach rechts zu beschreiben, denn je länger sich der Ball in der Luft aufhält, desto mehr Zeit hat er, von der Linie zum Ziel abzuweichen. Wenn Sie also die Weite eines Eisen-5-Schlags vom Ziel entfernt sind, müssen Sie sich beim Ansprechen weiter nach links ausrichten als beim Spiel mit einem Wedge.

Durch die geschlossene Ansprechhaltung, bei der der rechte Fuß ein wenig nach hinten gezogen ist, werden Sie im Treffmoment leichter hinter dem Ball bleiben und das Gleichgewicht behalten. Obwohl der Ball bei einer Lage unterhalb der Füße normalerweise die Flugbahn eines Fade beschreibt, führt jeder schlechte Schlag zu einer starken Abweichung nach rechts.

Ball oberhalb der Füße hangaufwärts

Da Sie es hier mit mehreren Variablen gleichzeitig zu tun haben, müssen Sie bei einer derartigen Lage als erstes entscheiden, welcher Faktor am wichtigsten ist. Liegt der Ball steil oberhalb Ihrer Füße, während der Hang sanft nach unten verläuft? Oder ist es gerade umgekehrt? In jedem Fall müssen Sie Ihren Stand dem steileren Hang anpassen.

Der wichtigste Faktor, den Sie bedenken müssen, sind die genauen Umstände der Lage. Wenn der Ball zum Beispiel oberhalb Ihrer Füße liegt, geben Sie ihm einen Draw-Drall. Führt der Hang aber gleichzeitig nach unten, erhält er außerdem noch einen Fade-Drall. Sind beide Hänge gleich steil, gleichen sich die beiden verschiedenen Seitwärtsdralle vielleicht aus und der Ball fliegt sogar gerade, es sei denn, daß Sie Ihre Bälle normal als Draw oder Fade spielen. Allgemein läßt sich aber sagen, daß der steilere Hang in dieser Situation den vorherrschenden Seitwärtsdrall bestimmt. Bei einer Lage hangaufwärts mit dem Ball oberhalb der Füße gerät ein gut getroffener Ball meistens als Draw, unter Umständen sogar als Hook. Beide Hänge führen zu einer Flugbahn von rechts nach links. Anders als bei einer ebenen Lage fliegt der Ball nicht weiter als normal. Sowohl der Hang nach oben als auch der seitliche Hang führen zu einer höheren und daher kürzeren Flugbahn als erwartet. Je nach Steile beider Hänge nehmen Sie entweder ein Eisen 4 oder sogar ein Eisen 3, um die gleiche Weite zu erzielen, die Sie normalerweise auf ebenem Boden mit einem Eisen 5 erreichen.

Da der Ball oberhalb Ihrer Füße liegt, greifen Sie den Schläger etwas weiter unten, um nicht seitlich in den Hang zu schlagen. Dadurch stehen Sie beim Ansprechen auch bequemer. Spielen Sie den Ball aus der Mitte Ihres Stands.

Wie bei all diesen Arten von Schlägen sollte die Haltung des Körpers den Verlauf des Geländes auf natürliche Weise ausgleichen, so daß Sie ganz normal schwingen können, d.h., Kopf und Körper befinden sich als Schwungachse senkrecht zum Hang. Folgen Sie nicht dem Beispiel vieler Amateurspieler und schwanken während des Schwungs nach hinten und vorne in der Hoffnung, daß im Treffmoment schon alles richtig verlaufen wird. Das kann hin und wieder funktionieren, aber im allgemeinen führen solche Taktiken nur zu einem Kraftverlust, und keinesfalls erreichen Sie je die angestrebte Beständigkeit in Ihren Schlägen. Das ausgewogene Finish, in dem ich mich auf den Abbildungen befinde, beweist, daß ich während des ganzen Schwungs mein Gleichgewicht behalte. Das sollten auch Sie anstreben.

Ball oberhalb der Füße hangabwärts

In diesem Fall wirken zwei unterschiedliche Seitwärtsdralle auf den Ball ein. Bei einem Ball oberhalb Ihrer Füße verläuft die Flugbahn in einer Kurve von rechts nach links. Der Hang nach unten verleiht ihm andererseits einen Draw-Drall. Wie im letzten Kapitel bestimmt der jeweils steilere Hang die Richtung Ihres Schlags.

Bei einem Ball oberhalb Ihrer Füße müssen Sie wieder einen engeren Stand einnehmen, um den Ball in die Luft zu bekommen. Sie verlagern also etwas mehr Gewicht auf die Zehen. Ihr Körper muß eine Haltung finden, bei der Sie sich absolut wohl fühlen. Greifen Sie dann den Schläger etwas weiter unten, und vollführen Sie den flachen Schwung, der für diese Art seitlichen Hang erforderlich ist.

Da der Hang nach unten verläuft, wird der Ball zum linken Fuß hin gespielt, um im Treffmoment besser durch ihn hindurch schwingen zu können. Der rechte Fuß wird ein wenig hinter die Linie gezogen. Durch diese Haltung können Sie während des Schlags besser unten bleiben,

Schlag auf Zehenspitzen

LINKS UNTEN:
Greifen Sie den Schläger nicht am Griff, sondern unten am Schaft.
MITTE OBEN UND UNTEN:
Achten Sie darauf, wie weit ich nach rechts ziele, da der Ball unmittelbar nach dem Treffmoment nach links fliegt. Öffnen Sie die Schlagfläche weit. Sie brauchen Platz, um in Richtung Ball zu schwingen, dürfen aber gleichzeitig nicht das Gleichgewicht verlieren.
RECHTS OBEN UND UNTEN:
Halten Sie die Arme in Bewegung, obwohl der Schwung durch den bei einem solchen Hang erforderlichen tiefen Griff eingeschränkt ist.
GEGENÜBERLIEGENDE SEITE:
Schwingen Sie durch den Ball hindurch, und halten Sie nicht vorher in Ihrer Bewegung inne.

 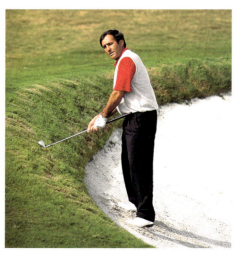 

Linkshändiger Schlag

RECHTS:
Umfassen Sie den Schläger mit einem linkshändigen Griff, bei der sich die linke Hand unter der rechten befindet und die untere Hand effektiv am Schlägerschaft liegt. Verlagern Sie das Gewicht weitgehend auf die rechte Seite, und zielen Sie weit nach links von der Stelle, an welcher der Ball landen soll.
RECHTS UNTEN:
Der Schwung ist kurz und erfolgt vorwiegend mit den Händen.
GEGENÜBERLIEGENDE SEITE,
OBEN: Treffen Sie den Ball mit einem scharfen, abfallenden Schlag. UNTEN: Hier können Sie erkennen, wie der Ball sofort nach dem Treffmoment nach rechts fliegt.

was bei jedem Schlag von einer Hanglage wichtig ist. Achten Sie wiederum auf das Gleichgewicht, das ich bis in ein volles, freies Finish hinein behalte.

Schlag auf Zehenspitzen

Einen solchen Schlag mußte ich einmal in der Madrid Open spielen. Ich kann mich nicht mehr an das Jahr, sehr gut aber noch an den Schlag erinnern. Ich mußte in einem Bunker stehen, um den Ball zu spielen, der weit oberhalb meiner Füße, fast meinem Kopf gegenüber, lag.

Bei diesem Schlag geht es in erster Linie darum, sich nicht zu weit zu strecken. Die Arme sollen ganz natürlich vom Körper hängen. Greifen Sie den Schläger so weit unten, daß Ihre Hände das Metall des Schafts (oder den Graphit, wenn Ihre Eisen damit ausgestattet sind) umfassen und nicht den Griff selbst. So haben Sie genügend Platz für einen unbehinderten Schwung.

Wichtig ist, daß Sie locker sind und einen sicheren Stand haben. Sie müssen so aufrecht wie möglich am Ball stehen. Obwohl diese Haltung unkonventionell wirkt, ist sie die Voraussetzung für diesen Schlag. Der Stand zwingt Sie zu einem richtigen Schwung in Richtung Ball, statt nur den Schläger ohne Körperdrehung und folglich ohne Kraft um die Hüfte zu drehen.

Da Ihr Gewicht so weit vorne auf den Zehenspitzen ruht, muß es gleichmäßig auf beide Beine verlagert werden. Sonst verlieren Sie zu leicht das Gleichgewicht. Um die Wirkung des Hangs auf die Flugbahn Ihres Balls zu kompensieren, müssen Sie nach rechts zielen, denn der Ball wird bei einem Stand wie diesem sofort nach dem Treffmoment nach links fliegen.

Öffnen Sie die Schlagfläche, um dem durch den Hang verursachten unvermeidlichen Draw-Drall und der Reduzierung des Lofts der Schlagfläche aufgrund der flachen Schwungebene entgegenzuwirken. Die geöffnete Schlagfläche wird den Ball nach dem Treffmoment in die Luft befördern.

Linkshändiger Schlag

Obwohl der linkshändige Schlag einem manchmal wirklich Schläge ersparen kann, ist er unter jeder Bedingung sehr schwierig, jedoch nie so kompliziert wie aus dieser Lage. Ich hoffe daher aufrichtig, daß Sie nicht allzu häufig auf solchen steilen Hängen landen, wo Sie nur die Wahl haben, entweder diesen Schlag zu wagen oder Ihren Ball für unspielbar zu erklären und mit einem Strafschlag fallenzulassen. Wie schwierig der Schlag jedoch auch sein mag, so glaube ich fest, daß jeder Schlag zu bewerkstelligen ist, solange man einen Schwung ausführen kann.

Umfassen Sie den Schläger umgekehrt, d.h., mit der linken Hand unterhalb der rechten, aber ansonsten mit Ihrem üblichen „interlocking" oder „overlapping grip". Greifen Sie den Schäger je nach Hangneigung erheblich kürzer, so daß Sie Platz für einen guten Schwung haben.

Auf den Abbidungen auf Seite 40 und 41 können Sie sehen, daß meine untere Hand sogar direkt am Schaft und nicht am Griff liegt. Ihr Gewicht ruht infolge der Wirkung des Hangs hauptsächlich auf dem rechten Bein. Über Ihren Stand brauchen Sie nicht nachzudenken, dafür sorgt Ihr Körper schon von allein.

Zielen Sie um bis zu 45 Grad nach links. Dies ist nötig, weil die Schlägerspitze beim Ansprechen auf dem Boden aufsitzt, so daß die Schlagfläche im Treffmoment geschlossen wird und Ihr Ball nach rechts von der Stelle fliegt, auf die Sie zielen.

Der Schwung ist kurz und erfolgt weitgehend mit den Händen. Vollführen Sie einen scharfen Schlag, bei dem sich Ihre Handgelenke im Treffmoment ein wenig abwinkeln. Da dieser Schlag alles andere als leicht ist, müssen Sie ihn gut üben, bevor Sie ihn auf dem Platz praktizieren. Aber mit ein paar Übungsstunden verfügen Sie bald über ein wertvolles Mittel, um in Zukunft Ihren Ball in einer solchen Situation nicht mehr mit einem Strafschlag fallenlassen zu müssen.

Ball unterhalb der Füße hangaufwärts

In dieser Lage haben Sie es wieder mit zwei entgegengesetzten, auf den Ball einwirkenden Kräften zu tun. Bei einer Lage hangaufwärts neigt der Ball zum Draw, während die Lage unterhalb der Füße einen Fade zur Folge hat. Häufig ist bei diesem Schlag jedoch der Fade-Drall der dominierende Faktor, so daß Sie also nach links zielen müssen. Wie stark Sie Ihre Ausrichtung angleichen müssen, hängt von der Neigung des jeweiligen Hangs ab. Nur durch Übung können Sie ein Gefühl dafür entwickeln, wie der Ball in solchen Situationen reagiert.

Nehmen Sie einen etwas längeren Schläger, als Sie für diesen Schlag aus ebener Lage nehmen würden, da der Hang nach oben die Weite des Schlags reduziert. Aufgrund der Lage hangaufwärts werden Sie Ihr Gewicht auch auf die rechte Seite verlagern. Um der seitlichen Hanglage mit dem Ball unterhalb Ihrer Füße gerecht zu werden, nehmen Sie einen etwas breiteren Stand ein und greifen den Schläger ganz am Ende. Ungeachtet der Lage hangaufwärts können Sie diesen Schlag nicht mit einem verkürzten Griff spielen. Und vergessen Sie nicht, den rechten Fuß beim Ansprechen ein wenig hinter den linken zu ziehen, so daß Sie im Treffmoment hinter dem Ball bleiben.

Ball unterhalb der Füße hangaufwärts

LINKS:
Wählen Sie für diesen Schlag einen längeren Schläger als gewöhnlich, um den Hang und die Lage des Balls zu kompensieren. Nehmen Sie einen breiteren Stand ein. Mit einer korrekten Ansprechhaltung ist Ihnen ein voller Schwung möglich. Achten Sie die ganze Zeit auf ein gutes Gleichgewicht, dann können auch Sie Ihren Durchschwung so bravourös beenden.

Ball unterhalb der Füße hangabwärts

Bei dieser Lage ist ein Konflikt zu bewältigen. Da Sie aus einer Lage hangabwärts schlagen, benötigen Sie theoretisch einen kürzeren Schläger als normal. Da der Ball jedoch aufgrund seiner Lage unterhalb der Füße die Flugbahn eines Fade beschreibt, brauchen Sie einen längeren Schläger. In jedem Fall müssen Sie bei diesem Schlag weit nach links zielen.

Um während des Schwungs hinter dem Ball zu bleiben, ziehen Sie den rechten Fuß beim Ansprechen ein wenig hinter den linken, um den Schläger auf der gewünschten Linie von innen an den Ball zu bringen. Nehmen Sie einen etwas breiteren Stand ein, um eine solide Grundlage für einen steilen Schwung zu schaffen. Wie bei einem normalen Schlag hangabwärts ruht das Gewicht beim Ansprechen mehr auf der linken Seite. Greifen Sie den Schläger länger als normal, und spielen Sie den Ball wie bei einem normalen Schlag unterhalb Ihrer Füße weiter zum linken Fuß hin, um Platz für Ihren Schwung zu haben.

Ball unterhalb der Füße hangabwärts

GEGENÜBERLIEGENDE SEITE, LINKS OBEN:
Wie beim normalen Schlag hangabwärts ruht Ihr Gewicht beim Ansprechen mehr auf der linken Seite. Beachten Sie, wie ich den rechten Fuß ein wenig hinter den linken gezogen habe, um im Treffmoment hinter dem Ball zu bleiben.
RECHTS:
Die Einleitung des Rückschwungs erfolgt sowohl wegen des Hangs als auch des breiteren Stands ziemlich flach.
LINKS UNTEN:
Vollführen Sie eine volle Drehung, bis der Schläger sich im höchsten Punkt des Rückschwungs parallel zum Hang befindet.
RECHTS UNTEN:
Bleiben Sie im Treffmoment unten. Wenn Sie im Durchschwung die rechte Hand über die linke drehen, haben Sie richtig durch den Ball hindurch geschlagen.

IM BUNKER

BUNKERSTRATEGIE

Eines der größten Probleme vieler Golfer ist ihre panische Angst vor Bunkern. Manche Amateurspieler scheinen geradezu gelähmt vor Schreck, wenn ihr Ball im Sand landet. Folglich erstarren Sie völlig verkrampft über dem Ball, und das Ergebnis ist entsprechend. Kein Wunder also, daß sie den Bunker mit noch größeren Ängsten verlassen als sie ihn betreten haben. Wir wollen versuchen, diesen Teufelskreis zu durchbrechen und einfache Strategien zu entwickeln, mit denen Sie schwierigen Bunkerschlägen wirksam zu Leibe rücken können.

Wahrscheinlich sind Sie mit den Grundzügen eines einfachen Bunkerschlags vertraut, sei es ein offener Stand mit leicht geöffneter Schlagfläche oder ein Schlag etwa zwei bis fünf Zentimeter hinter dem Ball in den Sand.

In dem hier folgenden Kapitel finden Sie einige Varianten des einfachen Bunkerschlags, obwohl die Grundtechnik die gleiche bleibt. Achten Sie immer auf einen sicheren Stand. Verankern Sie Ihre Füße fest im Sand, um eine solide Basis für Ihren Schlag herzustellen. Setzen Sie niemals vor dem Schlag den Schläger auf den Boden, sei es nun ein Sand-Wedge oder ein anderer Schläger, denn damit handeln Sie sich zwei Strafschläge ein.

Bevor ich Ihnen helfe, Ihren Ball aus einigen schwierigen Lagen im Sand zu befreien, vor allem rund ums Grün, möchte ich noch ein paar Worte zur Strategie sagen. Wenn zwischen Bunker und Grün ein Baum steht oder Ihr Ball in der Bunkerkante steckt, denken Sie natürlich nicht unbedingt daran, wie nahe Sie ihn an die Fahne legen können, selbst wenn Sie ein guter Bunkerspieler sind. Aber, wie das folgende Beispiel zeigt, schadet es auch nicht, wenn Sie es trotzdem tun.

Ein Schlag aus einem Fairway-Bunker ebnete mir den Weg zu meinem ersten Sieg in einer großen Meisterschaft, der British Open 1979 in Royal Lytham. Die meisten erinnern sich nur an meinen Schlag am letzten Tag vom Parkplatz am 16. Loch, der mir das Birdie sicherte, mit dem ich meinen Sieg endgültig besiegelte. Was jedoch drei Löcher früher geschah, war sogar noch wichtiger.

Das 13. Loch in Lytham ist ein ziemlich kurzes Par 4 von wenig mehr als 305 Meter Länge, ein Dogleg nach rechts. Ich belegte zu diesem Zeitpunkt einen geteilten ersten Platz, aber noch hatte ich die berüchtigten fünf letzten Löcher von Lytham vor mir. Am 13. hatten wir Rückenwind, und ich versuchte, mit meinem Drive das Grün zu erreichen. Leider hatte ich Pech, und mein Ball trieb in Richtung einer Ansammlung von Bunkern in der rechten Ecke des Doglegs und landete in einem davon. Er hatte eine hohe Kante, wie sie typisch sind für die

Bunker von Lytham. Andererseits war die Lage des Balls nicht schlecht, und ich konnte den Schlag mit meinem Pitching-Wedge versuchen.

Die Entfernung zur Fahne betrug etwa 65 Meter. Es war ein schwieriger Schlag, aber ich war damals noch jung – erst 22 Jahre – und hatte keine Angst davor, die Fahne anzugreifen. Es gelang mir ein fast perfekter Schlag, und Sie wissen, wie selten selbst Spitzenpros perfekte Schläge auf ihren Runden glücken. Der Ball landete in Fahnenhöhe auf dem Grün, aber durch den Drall, den ich ihm gegeben hatte, stoppte er etwa fünfeinhalb Meter vom Loch entfernt. Sie können sich meine Enttäuschung sicherlich vorstellen. Sie hielt jedoch nicht lange an, denn ich lochte den Putt glücklicherweise ein und übernahm die Führung. Fünf Löcher später hatte ich mit drei Schlägen Vorsprung gewonnen.

Aber das ist schon die Hohe Schule des Bunkerspiels. Das wichtigste Ziel für Sie ist, den Ball aus dem Bunker zu bekommen. Auf diese Weise erreichen Sie das Grün wenigstens mit drei weiteren Schlägen und versenken Ihren Putt vielleicht sogar mit etwas Glück, so daß Sie Ihrem Score nur zwei Schläge mehr hinzufügen müssen. Das erinnert mich an meinen guten Freund Gary Player, den vielleicht besten Bunkerspieler aller Zeiten, der immer zu sagen pflegte: „Je mehr ich übe, desto öfter habe ich Glück." Wenn Sie schwierige Bunkerschläge regelmäßig in Ihr Training einbeziehen, werden Sie bald das Grün öfter mit zwei als mit drei Schlägen erreichen. Und wer weiß, vielleicht lochen Sie hin und wieder sogar einen Ball direkt ein.

Lage hangabwärts

Erinnern Sie sich noch, wie der im letzten Kapitel beschriebene Schlag von einer Lage hangabwärts gespielt wird? Sie müssen die Hüften und Schultern parallel zum Verlauf des Sands ausrichten. Kämpfen Sie nicht gegen den Hang an.

Aufgrund der Richtung, in die der Hang verläuft, trägt das linke Bein den größten Teil des Gewichts. Achten Sie auf meine stark gebeugten Knie auf den Fotografien auf Seite 52 und 53. Spielen Sie den Ball vom rechten Fuß, so daß Sie den Schlägerkopf nicht in den Sand graben. Während ich meinen Oberkörper bei einem Routineschlag von ebener Lage ein wenig hinter dem Ball halte, gehe ich bei einer Lage hangabwärts im Bunker etwas vor den Ball, um durch den Sand zu kommen und den Ball im Treffmoment herauszubefördern.

Greifen Sie den Schläger etwas weiter unten, und öffnen Sie Ihren Stand ein wenig nach links zum Ziel hin, aber zielen Sie mit der Schlagfläche zur Fahne oder einem anderen gewählten Ziel. Aus einer schwierigen Lage wie dieser können Sie die Fahne vielleicht nicht direkt angreifen und müssen statt dessen auf einen anderen Teil des Grüns zie-

Lage hangabwärts

NÄCHSTE SEITE, LINKS OBEN:
Bei diesem Schlag muß Ihr Gewicht der Neigung des Sands folgen, d.h. der größte Teil ruht auf dem linken Bein. Der Oberkörper befindet sich hinter dem Ball, der vom rechten Fuß gespielt werden sollte.
MITTE LINKS:
Winkeln Sie die Handgelenke zu Beginn des Rückschwungs rasch ab, und öffnen Sie die Schlagfläche weit. Dieser Schlag erfordert einen steilen, aufrechten Schwung.
LINKS UNTEN:
Lassen Sie das Körpergewicht nicht hinter dem Ball, sondern folgen Sie im Durchschwung dem Schlag mit dem Körper. Sie sollten das Gefühl haben, als würden Sie den Ball mit der rechten Hand verfolgen.
SEITE 52/53:
Halten Sie den Schläger durch den Schlag hindurch niedrig.

51

len. Denken Sie daran – das wichtigste Ziel ist, mit dem nächsten Schlag zu putten.

Für den Schlag hangabwärts aus einem Bunker öffnen Sie die Schlagfläche beim Ansprechen ein wenig – wie für die meisten Schläge aus dem Sand –, doch übertreiben Sie es nicht. Wenn Sie die Schlagfläche zu stark öffnen, riskieren Sie, den Ball mit der Unterkante zu treffen oder aber den ganzen Schlägerkopf im Sand einzugraben. Beides ist nicht gerade wünschenswert.

Winkeln Sie die Handgelenke zu Beginn des Rückschwungs rasch ab. Der Verlauf des Hangs zwingt Sie in jedem Fall zu einem steilen, aufrechten Schwung. Machen Sie ein paar Probeschwünge (ohne jedoch den Sand zu berühren!), um sicherzugehen, daß Sie beim Rückschwung nicht in die Rückseite des Bunkers schlagen.

Beim Durchschwung sollte Ihr Körper dem Schlag hangabwärts folgen. Halten Sie das Körpergewicht nicht wie bei einem normalen Schlag hinter dem Ball, denn dann hacken Sie entweder zu weit hinter dem Ball in den Sand und bekommen ihn nicht heraus, oder Sie toppen ihn und befördern ihn in einen anderen Bunker auf der anderen Seite des Grüns. Sie sollten das Gefühl haben, als würden Sie den Ball mit der rechten Hand verfolgen. Halten Sie den Schläger durch den Schlag hindurch niedrig.

Da der Ball bei einer Lage hangabwärts flacher aus dem Sand fliegt als von ebener Lage, müssen Sie darauf achten, ihn auch wirklich über eine vielleicht etwas höhere Bunkerkante vor dem Grün zu bekommen. Da er außerdem nach der Landung länger rollt, müssen Sie diesen Weg einkalkulieren, wenn Sie in der Nähe der Fahne landen und verhindern wollen, daß er am anderen Ende übers Grün hinaus rollt.

Der Schlag hangabwärts aus dem Sand ist wahrscheinlich der schwierigste Bunkerschlag, mit dem Sie des öfteren auf einem Platz konfrontiert werden. Trainieren Sie ihn, und wenn Sie sich dann draußen auf dem Platz in einer solchen Situation befinden, gehen Sie sie beherzt an. Eine halbherzige Ausführung erhöht nur Ihr Risiko, den nächsten Schlag wieder aus dem Bunker spielen zu müssen.

Wenn Sie Bunkerschläge mit einem Eisen 3 schlagen können, wie ich es am Strand in Spanien tun mußte, weil es der einzige Ort war, wo ich trainieren konnte, können Sie mit den meisten Problemen in einem Bunker fertig werden. Aber selbst für mich ist dieser Schlag von einer Lage hangabwärts im Bunker kein Kinderspiel. Einer der besten gelang mir in der Manufacturers Hanover Westchester Classic in New York 1988 in dem Monat, in dem ich meine dritte Open Championship in Royal Lytham gewann.

Das Turnier ging in ein Stechen zwischen Greg Norman, David Frost, Ken Green und mir, das am 10. Loch des Westchester Country Clubs begann. Es ist ein Par 4 von 275 Meter Länge, ein Dogleg nach links, dessen Grün mit einem guten Drive zu erreichen ist. Mein Bruder Vicente war damals mein Caddie. Ich wollte mein Holz 3 nehmen, nachdem sich Frost und Green mit ihren Drives in Schwierigkeiten gebracht hatten, aber Vicente meinte, ich sollte doch lieber mit dem Driver spielen. Ich erreichte beinahe das Grün, landete aber statt dessen in einem Bunker davor in einer Lage hangabwärts.

Ich erinnere mich an diesen Bunker, als sei es erst gestern gewesen. Mein Ball lag an einer besonders schwierigen Stelle hangabwärts, so daß ich ihn mit dem linken Bein im Bunker und mit dem rechten außerhalb ansprechen mußte. Ich bemühte mich, das Gleichgewicht zu halten, schaffte aber, ihn schließlich so zu spielen, wie ich eben beschrieben habe. Der Ball flog heraus und landete eineinhalb Meter vor dem Loch. Als ich den Putt zu einem Birdie drei versenkte, hatte ich das Turnier zum zweiten Mal gewonnen.

Schlag von der Bunkerkante

Wenn Sie einen Bunkerschlag hangabwärts verpfuschen, hoppelt der Ball über den Sand und landet unter der Bunkerkante auf der anderen Seite. Schmiegt er sich dabei so eng an die Kante an wie hier abgebildet, müssen Sie ihn so wie ich hier schlagen, d.h., außerhalb des Bunkers stehend.

Dieser Ball erfordert einen harten, steilen, scharfen Schlag nach unten, um ihn schnell aus dem Bunker zu bekommen. Sie müssen auch näher am Ball in den Sand schlagen als bei den meisten anderen Bunkerschlägen. Die korrekte Ballposition ist direkt gegenüber der Innenkante Ihres linken Absatzes.

Genau wie bei vielen anderen Bunkerschlägen sind Füße und Körper nach links vom Ziel ausgerichtet, obwohl der Schläger selbst mehr nach rechts zielt als bei einem normalen Schlag aus dem Sand. Bei dieser Haltung ist das Risiko, den Ball zu dünn zu treffen oder zu schwer hinter dem Ball in den Sand zu schlagen, geringer. Außerdem müssen Sie soviel Höhe gewinnen wie nur möglich.

Mit dem offenen Stand erreichen Sie die erforderliche Schwungbahn von außen nach innen, um den Ball rechtzeitig über die Bunkerkante in die Luft zu bringen. Zusammen mit der offenen Schlagfläche wird der Ball durch diese Ansprechhaltung in Richtung Fahne befördert.

Um den gewünschten steilen Schwung zu erzielen, winkeln Sie die Handgelenke sehr frühzeitig ab. Da der größte Teil des Gewichts auf der rechten Seite ruht, erfolgen bei diesem Schlag nur eine geringe Körperdrehung und wenig Beineinsatz, und die Hände schwingen nur bis etwa Hüfthöhe. Der Schlag aus der Bunkerkante wird vorwiegend von der rechten Hand dominiert. Sie dreht sich im Treffmoment unter die linke. Der Flansch ist der Teil des Schlägers, der den Sand zuerst trifft. Durch die Nähe der Bunkerkante ist der Durchschwung naturgemäß begrenzt.

Schlag von der Bunkerkante

NÄCHSTE SEITE, LINKS:
Öffnen Sie die Schlagfläche mehr als bei einem normalen Bunkerschlag. Der größte Teil des Gewichts ruht auf der rechten Seite.
RECHTS:
Winkeln Sie die Handgelenke frühzeitig ab, um eine steile Schwungebene zu erzielen.
SEITE 57, LINKS:
Bei diesem Schlag erfolgen nur eine geringe Körperdrehung und wenig Beineinsatz, so daß der Rückschwung begrenzt ist.
RECHTS:
Die rechte Hand kontrolliert den Schlag. Schlagen Sie mit dem Flansch des Schlägers direkt hinter dem Ball hart in den Sand, aber der Ball wird dennoch weich aus dem Bunker fliegen.

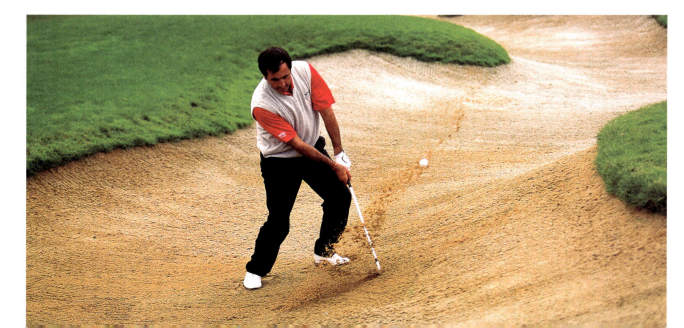

Eingegrabene Lage

Auf diesen Anblick könnten Sie auf Ihrem Weg zum Grün sicherlich gern verzichten. Ihr hoher Annäherungsschlag hat sein Ziel um Haaresbreite verfehlt, der Ball plumpste in einen Bunker und grub sich dort ein. Aber nur keine Panik! Der Schlüssel zu diesem Schlag liegt in dem Winkel, den Ihre Schlagfläche im Treffmoment mit dem Sand bildet. Dies ist auch der Grund, warum Sie so viele Änderungen in Ihrer Ansprechhaltung vornehmen müssen.

Anstatt geöffnet wie bei einem normalen Bunkerschlag, ist die Schlagfläche diesmal square. Da der Ball tiefer als normal im Sand liegt, muß der Auftreffwinkel rechtwinklig sein, damit die Schlagfläche tiefer in den Sand gleiten und den Ball mit Sicherheit herausbefördern kann. Je schlechter die Lage ist, desto mehr müssen Sie darauf achten, daß die Schlagfläche wirklich square ausgerichtet ist. Auf den Photographien der nächsten Seite sind sogar meine Füße, Knie, Hüften und Schultern square zum Ziel, um meine Chancen auf einen korrekten Schlag zu optimieren.

Nehmen Sie ansonsten einen ziemlich offenen Stand wie bei einem normalen Bunkerschlag ein, und halten Sie die Hände vor dem Schlägerkopf. Verlagern Sie diesmal jedoch Ihr Gewicht viel mehr auf den linken Fuß, um den scharfen, harten Schlag nach unten in den Sand zu erzielen, mit dem Sie den Ball aus seiner eingegrabenen Lage heraus befördern wollen. Spielen Sie den Ball etwas mehr vom rechten Fuß als normal, um den steilen Schwung einzukalkulieren. Greifen Sie den Schläger auch etwas tiefer, um den Schlägerkopf bei diesem harten Schlag besser unter Kontrolle zu haben.

Winkeln Sie die Handgelenke zu Beginn des Rückschwungs so frühzeitig wie möglich ab, und schwingen Sie den Schläger steil nach oben. Schlagen Sie im Abschwung sehr scharf etwa fünf Zentimeter hinter dem Ball in den Sand, und bleiben Sie während des ganzen Schlags unten. Denken Sie daran, daß der Schlägerkopf bei diesem Schlag tiefer durch den Sand gleiten muß.

Da Sie in einem so spitzen Winkel in den Sand geschlagen haben, verläuft der Durchschwung naturgemäß kürzer. Wenn dieser Schlag richtig gespielt wird, bleibt der Schlägerkopf im Sand stecken. Genau wie bei einer Lage hangabwärts im Bunker können Sie dem Ball keinen Drall geben, so daß er nach der Landung weit rollt. Zielen Sie also auf den breitesten Teil des Grüns.

Wenn sich der Ball besonders tief eingegraben hat, sollten Sie lieber Ihren Pitching-Wedge anstelle des Sand-Wedges nehmen, vor allem bei hartem Sand. Mit der schärferen Unterkante des Pitching-Wedges können Sie leichter in den Sand schneiden und den Ball heraus zwingen. Beim Spiel mit dem Pitching-Wedge müssen die Hände jedoch noch weiter vor dem Schlägerkopf sein als normal.

Eingegrabene Lage

GEGENÜBERLIEGENDE SEITE, OBEN:
Nehmen Sie einen ziemlich offenen Stand ein, und halten Sie die Hände vor dem Schlägerkopf. Verlagern Sie das Gewicht auf die linke Seite, richten Sie die Schlagfläche square zum Ziel aus, und spielen Sie den Ball zum rechten Fuß hin.
MITTE:
Schwingen Sie den Schläger sehr steil zurück, und winkeln Sie die Handgelenke stark ab. Schlagen Sie dann sehr hart etwa fünf Zentimeter hinter dem Ball in den Sand.
UNTEN:
Bleiben Sie im Treffmoment unten.

Schlag an eine nah plazierte Fahne

NÄCHSTE SEITE, LINKS:
Öffnen Sie Ihren Stand etwas mehr als für einen normalen Bunkerschlag, richten Sie den Schläger jedoch zur Fahne aus. Stellen Sie die Füße auch etwas weiter auseinander.
MITTE: Winkeln Sie die Handgelenke im Rückschwung frühzeitig ab. Durch Ihre Ansprechhaltung erhalten Sie die gewünschte Flugbahn von außen nach innen.
RECHTS: Die rechte Hand dominiert bei diesem Schlag. Schneiden Sie nur etwa einen Zentimeter hinter dem Ball in den Sand, und reißen Sie den Schlägerkopf unter dem Ball hindurch, so daß dieser den Drall erhält, der ihn rasch zum Stoppen bringt.

Schlag an eine nah plazierte Fahne

Diesen Schlag würden alle Amateurspieler gern besser beherrschen, vor allem, wenn Sie mit ansehen, wie die Pros in Turnieren heiter die Bunker betreten und den Ball mit einem raschen Schlag aus dem Sand befördern, so daß er wie ein Stein landet. Auch das unterstreicht die Tatsache, daß Turnier-Pros im allgemeinen lieber im Bunker als im Gras rund ums Grün landen.

Diesmal schlagen Sie nicht so weit hinter dem Ball in den Sand wie bei vielen anderen Bunkerschlägen, denn Sie wollen dem Ball Drall geben, und dies schaffen Sie um so leichter, je näher Sie mit dem Schläger an den Ball kommen. Diesen Umstand müssen Sie also in Ihrer Ansprechhaltung berücksichtigen.

Nehmen Sie einen offeneren Stand ein als bei einem normalen Bunkerschlag, aber richten Sie die Schlagfläche beim Ansprechen zur Fahne aus. Außerdem empfiehlt sich ein breiterer Stand, um sich bei dieser übertriebenen Haltung einigermaßen bequem zu fühlen. Der breitere Stand bildet eine bessere Basis für den Unterkörper, und die Hände bleiben außerdem durch den Schlag hindurch niedrig und können dem Ball auf diese Weise möglichst viel Drall verleihen. Aus dem gleichen Grund sollten Sie den Schläger auch etwas weiter unten greifen. Der Ball wird aus der Mitte des Stands gespielt.

Winkeln Sie die Handgelenke zu Beginn des Rückschwungs frühzeitig ab. Schwingen Sie ganz normal. Die Schwungbahn von außen nach innen in dem Augenblick, in dem der Schlägerkopf in den Sand gleitet, ergibt sich automatisch aus Ihrer Ausrichtung zum Ball.

Die rechte Hand dominiert bei diesem Schlag. Reißen Sie den Schlägerkopf unterhalb des Balls durch den Sand hindurch, wobei Sie in diesem Fall mit dem Schlägerkopf vielleicht nur einen Zentimeter hinter dem Ball in den Sand schneiden. Mit einiger Übung (schon wieder dieses Wort!) wird Ihnen dieser Schlag gut von der Hand gehen. Zuerst sind Sie vielleicht erstaunt darüber, später jedoch sehr zuversichtlich, wie voll Sie schwingen und den Ball dennoch über eine nur kurze Distanz schlagen können.

Die genaue Weite der Flugbahn hängt von der Schwunggeschwindigkeit ab und davon, wie tief Sie den Schläger am Schaft greifen. Je langsamer der Schwung und je niedriger der Griff, desto kürzer die Flugbahn. In jedem Fall aber wird der Ball rasch nach der Landung stoppen.

Der Schlag an eine eng plazierte Fahne gehört ins Repertoire eines jeden Pros. Ich weiß nicht, wie oft ich ihn schon in entscheidenden Situationen gespielt habe, aber an eine Gelegenheit erinnere ich mich noch sehr genau, da es eine bittersüße Erfahrung für mich war.

In der Masters 1989 hatte ich am Sonntag morgen (Regen hatte das Spiel am Samstag nachmittag unterbrochen) meine dritte Runde durch Birdies an drei der letzten fünf Löcher in Augusta National beendet. Als ich auch am ersten Loch der letzten Runde ein Birdie spielte, lag ich nur noch zwei Schläge hinter dem führenden Spieler, Ben Crenshaw. Am zweiten Loch, einem Par 5, lag ich mit zwei Schlägen kurz vor dem Grün und leider auch nach dem dritten Schlag noch davor. Ich hatte meinen Pitch-Schlag nämlich in den Bunker auf der rechten Seite des Grüns gesetzt.

Mein Ball lag ziemlich auf der Vorderseite des Hindernisses, und die Fahne war nahe am vorderen Rand des Grüns plaziert. Alles in allem war ich etwa sechs Meter vom Loch entfernt. Die Lage war gut, und ich spielte den Schlag, den ich eben beschrieben habe. Der Ball flog sanft aus dem Sand, landete kurz vor der Fahne und rollte – so unwahrscheinlich es klingen mag – zum Birdie ins Loch.

Leider konnte ich damals das Grüne Jackett nicht gewinnen. In jenem Jahr holte sich Nick Faldo den Sieg, nachdem Scott Hoch einen kurzen Putt ausgelassen hatte, mit dem er sich den Titel in der Masters am ersten Extraloch geholt hätte. Das beweist, daß man für einen Sieg in der Masters mehr als nur eine einzige Glückssträhne braucht.

Bunkerschlag mit dem Eisen 5

Die Vorstellung, ein Eisen 5 für einen Bunkerschlag zu verwenden, mag Ihnen grotesk erscheinen, aber manchmal ist es das einzig Vernünftige. Sie könnten sich einmal in einer ähnlich mißlichen Lage befinden, wie ich auf den Fotografien der nächsten Seite oft genug war, und erkennen, daß es sich lohnt, diesen Schlag zu trainieren. Sie glauben mir nicht? Wie oft waren Sie schon in einer schwierigen Lage gelandet und mußten den Ball über ein Hindernis bekommen und unter einem anderen hindurch? Sicherlich öfter, als Sie zuerst vielleicht denken.

Der hier abgebildete Bunker liegt neben dem fünften Grün in Valderrama an der Costa del Sol in Spanien. Auf diesem Platz wird der Ryder Cup 1997 ausgetragen, und er gilt als der beste in Kontinentaleuropa. Auf den ersten Blick mag dieser Schlag vielleicht als reines Vabanquespiel erscheinen, aber das muß nicht so sein.

Ihr Sand-Wedge, der für das Bunkerspiel übliche Schläger, bietet hier keine Lösung. Er kann den Ball zwar aus dem Sand befördern, aber nur, wenn Sie bereit zu dem Risiko sind, ihn entweder durch den Baum hindurch zu schlagen oder ihn auf Sicherheit vom Grün weg nach links zu spielen. Bei beiden Optionen brauchen Sie Glück, wenn Sie den Ball mit drei Schlägen einlochen wollen. Unter Umständen brauchen Sie nämlich auch vier. Mein Eisen 5 andererseits ist beinahe eine Garantie für drei Schläge oder sogar für zwei, wenn ich einen guten Tag und viel geübt habe.

Mit dem Eisen 5 fliegt der Ball scharf genug aus dem Sand, um über die Bunkerkante zu kommen, andererseits niedrig genug, um unterhalb

Bunkerschlag mit dem Eisen 5

NÄCHSTE SEITE:
Da Sie ein Eisen 5 benutzen, müssen Sie den Neigungswinkel des Schlägers durch Ihre Ansprechhaltung vergrößern. Öffnen Sie die Schlagfläche, wie Sie es bei mir hier sehen, und richten Sie den Körper nach links vom Ziel aus. Die Schlagfläche zielt jedoch zur Fahne.
SEITE 65:
Schwingen Sie den Schläger auf einer übertriebenen Außenbahn zurück, und winkeln Sie die Handgelenke zu Beginn des Rückschwungs wiederum scharf ab.
SEITE 66:
Vom höchsten Punkt des Rückschwungs aus bereiten Sie sich darauf vor, auf der deutlichen Schwungbahn von außen nach innen durch den Ball zu schneiden, die Sie durch Ihre Ausrichtung zum Ball vorprogrammiert haben.
SEITE 67:
Schlagen Sie etwa zweieinhalb bis vier Zentimeter hinter dem Ball in den Sand. Folgen Sie nach dem Treffmoment dem Schläger mit dem Körper nach links, und halten Sie die Hände gut hinter dem Ball, während er in Richtung Fahne fliegt.

Schlag aus dem Fairway-Bunker

RECHTS OBEN:
Bei guter Lage, nicht zu hoher Bunkerkante und großer Entfernung zur Fahne können Sie sogar ein Fairway-Holz verwenden. Achten Sie auf einen guten Stand im Sand, und heben Sie den Schläger beim Ansprechen hinter dem Ball hoch. Vergessen Sie nicht, daß Sie ihn im Sand nicht aufsetzen dürfen!
MITTE:
Schwingen Sie nur innerhalb Ihrer Möglichkeiten, wie ich hier, und vermeiden Sie extravagante Experimente. Verlagern Sie das Gewicht ein wenig mehr auf die linke Seite, denn nur so erzielen Sie die steilere Schwungbahn, die nötig ist, um den Ball vor dem Sand zu treffen.
RECHTS UNTEN:
Wenn Sie die nötigen Anpassungen vorgenommen haben, können Sie diesen Schlag wie vom Fairway spielen. Vollführen Sie einen vollen Schwung. Wie bei allen Schlägen aus dem Sand, bringt Sie allzu große Vorsicht nur in erneute Schwierigkeiten.

der Zweige des Baums zu bleiben. Da Sie den vergleichweise geringen Neigungswinkel des Schlägers ausgleichen müssen, müssen Sie den Schläger auf einer übertriebenen Bahn nach außen zurückschwingen. Die Schlagfläche muß also beim Ansprechen weit geöffnet sein, um den Mangel an Neigung zu kompensieren. Öffnen Sie die Schlagfläche jedoch nicht, indem Sie die Hände am Griff drehen. Mit anderen Worten, greifen Sie den Schläger normal, und öffnen Sie dann die Schlagfläche.

Sie müssen den Körper bei diesem Schlag viel weiter nach links ausrichten als bei einem normalen Bunkerschlag, obwohl die Schlagfläche, wie Sie sehen können, zur Fahne zielt. Schneiden Sie im Treffmoment quer durch den Ball, und schlagen Sie etwa zweieinhalb bis vier Zentimeter hinter dem Ball in den Sand.

Ich denke, der wichtigste Unterschied zwischen mir und anderen Turnier-Pros ist der, daß ich, obwohl wir alle eine Vielzahl von Schlägen beherrschen, diese auch auf dem Platz und in Turnieren ausprobiere und nicht nur auf der Driving Range. Das gilt besonders für das kurze Spiel, und ich glaube, daß ich dadurch manchmal im Vorteil gegenüber meinen Konkurrenten bin. Obwohl der Standard des Golfspiels in Ihrem Club sicherlich nicht so hoch wie auf der Tour ist, werden Sie Ihren Partnern und Gegnern garantiert überlegen sein, wenn Sie an solchen Schlägen arbeiten.

Schlag aus dem Fairway-Bunker

Zum Schluß noch ein Blick auf die Schwierigkeiten, die Sie bei einer guten Lage im Sand haben können, wenn das Grün ziemlich weit entfernt ist. Der Gedanke, einen langen Bunkerschlag vor sich zu haben, ist für viele Clubspieler ein Alptraum. Aber das ist nicht berechtigt. Auf den Fotografien der gegenüberliegenden Seite habe ich einen wirklich langen Schlag aus einem Fairway-Bunker vor mir, den ich mit einem Holz 3 anspreche. So bequem läßt sich manchmal ein solcher Schlag spielen.

Bevor Sie jedoch einen langen Schläger für einen Schlag aus einem Fairway-Bunker benutzen, ein Wort der Vorsicht: Vergewissern Sie sich, daß Ihre Lage wirklich gut ist. (Wenn nicht, sollten Sie lieber einen kürzeren Schläger nehmen und auf eine Stelle des Fairways zielen, von der aus Sie Ihren nächsten Schlag spielen möchten.) Achten Sie darauf, einen Schläger mit genügend Neigung zu verwenden, der Ihren Ball sicher über die Bunkerkante befördert.

Sobald Sie Ihre Schlägerwahl getroffen haben, verankern Sie Ihre Füße fest im Sand. Einer der wichtigsten Faktoren bei diesem Schlag ist, den Körper während des Schwungs nicht allzu stark zu bewegen.

Denken Sie daran, daß Sie aus einem Fairway-Bunker mit keinem Schläger eine Rekordweite erzielen. Schwingen Sie harmonisch und im

Gleichgewicht, und achten Sie auf einen guten Schläger/Ball-Kontakt. Dies ist nicht der richtige Zeitpunkt, um Kopf und Kragen zu riskieren.

Heben Sie den Schlägerkopf beim Ansprechen über den Ball, und berühren Sie nicht den Sand. Verlagern Sie Ihr Gewicht stärker auf die linke Seite als normal, denn nur so erzielen Sie den steileren Schwungbogen, der nötig ist, um den Ball vor dem Sand zu treffen. Wenn Sie erst in den Sand schlagen, fliegt der Ball überhaupt nicht weit.

Obwohl Sie in diesem Fall mit einem Holz spielen, sollten Sie den Ball stärker von oben treffen als beim Spiel vom Fairway. Alle guten Bunkerspieler schwingen bei einem Schlag wie diesem ziemlich steil. Jack Nicklaus ist ein gutes Beispiel dafür. Vollführen Sie einen vollen Schwung, genau wie vom Fairway. Wenn Sie zögern, wird Ihre Vorsicht wahrscheinlich nur einen schlechten Schlag zur Folge haben.

Der beste Schlag, der mir je aus einem Fairway-Bunker gelang, war im Ryder Cup 1983. In meinem letzten Einzel-Lochspiel lagen Fuzzy Zoeller und ich am letzten Abschlag all square. Das 18. Loch des Champion Course im PGA National in Florida ist ein langes Par 5. Ich war in einem Bunker in 220 Meter Entfernung von der Fahne gelandet und hatte bereits zwei Schläge gespielt. Ich war sicher, daß Fuzzy kaum mehr als fünf Schläge für dieses Loch benötigen würde, und so mußte ich diesen Schlag also irgendwie aufs Grün oder in seine Nähe bringen, wenn ich das Match wenigstens noch halbieren wollte.

Unter normalen Umständen hätte ich in einer solchen Situation nicht mehr als ein Eisen 5 verwendet. Aber dies waren keine normalen Umstände, und so entschied ich mich für mein Holz 3, den einzigen Schläger, der mich aufs Grün bringen konnte.

Glücklicherweise lag mein Ball hangaufwärts im Sand, so daß ich ihn leichter über die Bunkerkante spielen konnte. Trotzdem mußte ich die Schlagfläche noch öffnen, um ihn herauszubringen. Gleichzeitig mußte ich ein wenig nach links von der von mir anvisierten Stelle zielen, um meinen Ball besser in die Luft zu bringen. Dieser kleine Fade bedeutete andererseits einen Verlust an Weite, und außerdem mußte ich mit einem Seitenwind von rechts nach links fertig werden. Alles in allem war es ein sehr schwieriger und außerdem riskanter Schlag.

Glücklicherweise schaffte ich es, meinen Ball nahe ans Grün zu spielen und genau wie Fuzzy zum Par einzulochen, so daß wir das Loch und das Match halbierten. Leider konnte dies nicht mehr verhindern, daß die Vereinigten Staaten uns mit einem Punkt Vorsprung besiegten und den Ryder Cup behielten.

Der große Tag für uns Europäer kam zwei Jahre später im The Belfry. Aber dieser Nachmittag in Florida ist mir als der Tag im Gedächtnis geblieben, an dem ich einen der besten Schläge meines Lebens spielte. Der amerikanische Captain, der große Jack Nicklaus, beschrieb ihn damals als „den unglaublichsten Golfschlag, den ich je gesehen habe". Ich muß zugeben, daß es kaum ein größeres Lob geben kann.

IM TIEFEN ROUGH

DAS SPIEL AUS DEM ROUGH

Im Gegensatz zu dem, was viele Leute glauben, lande ich durchaus nicht pausenlos im Rough. Ich habe genügend Schläge aus dem kurzen Rough gespielt, um zu wissen, daß es am besten ist, so oft wie nur möglich auf dem Fairway zu landen und das dichte Gras der Flora und Fauna zu überlassen. Aber leider geht es im Golf nicht immer so, wie man möchte. In der letzten Runde meines Einzels im Ryder Cup 1995 gegen Tom Lehman erreichte ich das Fairway mit meinen Abschlägen erstmals am zehnten Loch.

Doch selbst wenn Ihr Ball in den Büschen landet, sollten Sie nicht gleich verzweifeln. Obwohl ich an den ersten neun Löchern gegen Tom Lehman in Oak Hill nur am 3. Par 3-Loch vom Abschlag aus das Grün erreicht hatte, lag ich am Ende der neun Löcher nur einen Schlag zurück und beim Abschluß des Matches eins über Par. Als am 10. Loch mein Ball endlich das Fairway traf, schlug ich meinen Annäherungsschlag in einen Bunker, aber wir halbierten das Loch trotzdem noch mit zwei Pars.

Im folgenden zeige ich Ihnen sechs Beispiele von Lagen und Situationen im Rough auf, denen auch Sie sich des öfteren gegenübersehen können, aus großer Entfernung zum Grün und nahe daran. Auch wenn Sie meine Ratschläge umsetzen können, wird es in Zukunft nicht gerade ein Genuß für Sie zu sein, im Rough zu landen, aber ich hoffe, Sie werden die Sache nicht mehr mit soviel Angst angehen wie bisher.

Flyer-Lage

Wenn der Ball oben auf dem Rough liegt und Ihr Schlag in der gleichen Richtung erfolgt, in der das Gras wächst, spricht man von „Flyer-Lage". Aus dieser Lage fliegt und rollt der Ball nach der Landung weiter als normal, weil man ihm keinen Rückwärtsdrall geben kann, da im Treffmoment unweigerlich Grashalme zwischen Schlägerkopf und Ball geraten. Obwohl Sie also im Rough liegen, sollten Sie einen, manchmal sogar zwei Schläger weniger als normal nehmen. Sie werden z.B. feststellen, daß Ihr mit einem Eisen 7 gespielter Ball so weit fliegt wie ein normaler mit dem Eisen 5 geschlagener, und mindestens so weit, als hätten Sie ein Eisen 6 benutzt.

Die Ausrichtung für einen Schlag aus der Flyer-Lage ähnelt der für einen normalen Fairway-Schlag. Schließlich ist Ihre Lage gut – vielleicht sogar zu perfekt. Da der Ball jedoch weiter als normal fliegt, sind ein paar Angleichungen vonnöten.

Um einem Verlust an Kontrolle über den Ball aufgrund des Grases

Lagen im Rough

OBEN:
Bei einer guten Lage im Rough können Sie den Schlag mit einem Fairway-Holz oder einem langen Eisen versuchen.
DARUNTER:
Aus einer schlechten Lage wie dieser müssen Sie Ihren Ehrgeiz vergessen und sich mit einem mittleren Eisen begnügen.

zwischen Ball und Schlagfläche vorzubeugen, nehmen Sie einen offenen Stand ein und spielen den Ball zum linken Fuß hin. Die Schlagfläche ist square zum Ziel ausgerichtet. Versuchen Sie, den Ball höher als normal zu schlagen, um den langen Roll nach der Landung zu kompensieren.

Schlag gegen die Wuchsrichtung

Wächst das Gras entgegengesetzt der beabsichtigten Fluglinie Ihres Balls, liegt er wahrscheinlich tiefer im Gras, so daß Sie ihn nur mit einem Schläger mit starker Neigung herausbekommen. Andererseits wird er natürlich bei dieser Lage weniger weit fliegen als vom Fairway, so daß Sie versucht sein könnten, zum Ausgleich einen längeren Schläger zu nehmen. Das sollten Sie bleiben lassen, denn ein Schläger mit geringerer Neigung bringt Ihren Ball meistens nirgendwohin, da er durch das Gras gebremst wird. Was ist also zu tun?

Billy Casper pflegte zu sagen: „Wenn die Lage eines Balls nicht gut genug ist, um ihn mit einem Holz 4 herauszubekommen, sollten Sie es mit keinem längeren Schläger als einem Eisen 5 versuchen". Das ist für die meisten Fälle ein guter Rat. Je nach Lage ist aus dem Rough sogar ein Schläger mit noch stärkerem Loft empfehlenswert und nicht einer, von dem Sie sich eine größere Weite erhoffen, und zwar aus drei Gründen:
1. Der größere Loft des Schlägers bringt Sie besser durch den Ball.
2. Der Ball steigt leichter in die Luft, und je schneller er aus dem Rough fliegt, desto weiter ist seine Flugbahn.
3. Durch das Rough schließt sich die Schlagfläche, so daß ihre Neigung ohnehin effektiv verringert wird.

Alles hängt natürlich von Ihrem Trainingsfleiß ab. Nur aus Erfahrung können Sie lernen, was Sie unter den gegebenen Umständen erreichen können und wie der Ball auf Ihre Technik reagiert.

Obwohl die Lage bei einer Wuchsrichtung entgegen der Richtung Ihres Schlags in vieler Beziehung das Gegenteil der Flyer-Lage ist, rollt auch dieser Ball nach der Landung und stoppt nicht schnell. Das kommt daher, daß auch hier wieder im Treffmoment Grashalme zwischen Ball und Schlagfläche geraten, so daß der Ball keinen Rückwärtsdrall erhält.

Der Ball sollte bei dieser Lage etwas mehr zum rechten Fuß hin gespielt werden, um den erforderlichen scharf abfallenden Auftreffwinkel zu erzielen. Ihr Schwung muß aufrechter sein als bei einem Schlag vom Fairway und bei einer Flyer-Lage, so daß Sie sehr steil in den Ball schlagen. Beim Abschwung sollten Sie das Gefühl haben, als würden Sie den Schläger hinter den Händen halten. Bei dieser Art Lage müssen Sie den Ball aus dem Rough graben, und je steiler Sie schwingen, desto weniger wird der Schlägerkopf vor dem Treffmoment vom Gras behindert.

Keine Flyer-Lage

OBEN:
Bei dieser Lage liegt der Ball so auf dem Gras, daß die Richtung seines beabsichtigten Flugs der Wuchsrichtung des Grases entgegengesetzt ist.

Flyer-Lage

DARUNTER:
Bei der Flyer-Lage wächst das Gras in die gleiche Richtung, in die der Ball fliegen soll.

Schlag gegen die Wuchsrichtung

OBEN UND GEGENÜBERLIEGENDE SEITE. LINKS OBEN: Wenn das Gras entgegen der Schlagrichtung wächst, spielen Sie den Ball etwas mehr zum rechten Fuß hin, um einen guten Schwung vollführen zu können. RECHTS OBEN: Nehmen Sie einen Schläger mit größerer Neigung, um den Ball besser in die Luft zu bekommen, und halten Sie die Hände zu Beginn des Rückschwungs und während des Schwungs ein wenig vor dem Ball. MITTE LINKS: Schwingen Sie etwas aufrechter, um einen steilen Auftreffwinkel zu erzeugen. MITTE RECHTS: Schwingen Sie scharf ab. LINKS UNTEN: Der Ball startet nach dem Treffmoment nach links. RECHTS UNTEN: Achten Sie auf meinen hohen Durchschwung.

Zielen Sie nach rechts von Ihrem beabsichtigten Ziel, da der Ball als Folge der geschlossenen Schlagfläche im Treffmoment, wenn sie ins Gras eintaucht, nach links fliegt. Wenn Sie Ihren Ball aus dichterem Rough oder Heidekraut spielen müssen – dieser herrlich purpurfarbenen Pflanze, die man auf so vielen britischen Plätzen findet und ein wahres Teufelszeug, wenn man sich daraus befreien muß –, fliegt er unter Umständen sehr scharf nach links. Sie müssen das also einkalkulieren.

Noch einmal zu Billy Casper und der Möglichkeit, aus dem Rough ein Holz zu verwenden. Bei einer Flyer-Lage ist dies vielleicht ein sicherer Schlag, der sich aber nicht eignet, wenn das Gras gegen die Flugrichtung Ihres Balls wächst. Liegt er jedoch sauber obenauf, so daß die Wuchsrichtung des Grases praktisch nicht zum Tragen kommt, können Sie ruhig ein Holz versuchen, genau als würden Sie vom Fairway spielen. Trotzdem sollten Sie im Rough nicht allzu ehrgeizig sein, auch nicht, wenn Ihre Lage entgegen allen Erwartungen gut ist.

Schlag aus langem Gras

Bei sehr dichtem Rough, wenn es vielleicht so dicht ist, daß Sie Ihren Ball kaum sehen können, gibt es ungeachtet der Entfernung zum Grün keine vernünftige Alternative zum Pitching-Wedge oder Sand-Wedge. Welchen von beiden Sie verwenden, hängt von Ihrer Vorliebe und der Lage des Balls ab.

Gehen wir einmal davon aus, daß Sie noch 150 Meter zum Grün haben und Sie für diesen Schlag normalerweise ein Eisen 5 nehmen würden. Mit einem Eisen 5 aus dieser Lage schaffen Sie den Ball vielleicht gerade mal 20 Meter weit und liegen wahrscheinlich immer noch im Rough. Dieser Schläger hat einfach nicht genügend Loft, um den Ball in die Luft zu befördern.

Was würde nun passieren, wenn Sie statt dessen Ihr Eisen 8 nehmen? Das wäre schon besser, aber immer noch ein riskantes Unterfangen, denn es besteht immer noch das Risiko, den Ball nicht aus dem Rough und aufs Fairway zu bekommen. In jedem Fall würden Sie nie das Grün erreichen oder auch nur nahe herankommen.

Warum wollen Sie also nicht einen Ihrer Wedges verwenden, den Ball 50 oder 60 Meter weit aufs Fairway schlagen und dann einen weiteren vollen Wedge-Schlag aufs Grün spielen, den etwa einfachsten Schlag im Golf? Normalerweise wäre das sicherlich die vernünftigste Entscheidung.

Wir alle lieben hin und wieder heroische Schläge. Glauben Sie mir, ich habe im Lauf meiner Karriere wahrscheinlich schon wagemutigere Schläge versucht als die meisten anderen Golfer, und vielleicht war auch meine Erfolgsrate entsprechend größer, aber Sie dürfen nie, nie

Schlag aus langem Gras

*OBEN:
Nehmen Sie ein Eisen 8 oder sogar einen noch kürzeren Schläger.
NÄCHSTE SEITE,
LINKS OBEN:
Spielen Sie den Ball von einer Stelle zwischen Mitte des Stands und rechtem Fuß, und verlagern Sie das Gewicht mehr auf die linke Seite. Die Hände befinden sich beim Ansprechen ziemlich weit vor dem Ball.
RECHTS OBEN:
Winkeln Sie die Handgelenke frühzeitig zu Beginn des Rückschwungs ab.
LINKS UNTEN:
Schlagen Sie den Ball hart.
RECHTS UNTEN:
Meine Haltung im Durchschwung beweist, daß dies ein Punch-Schlag ist.*

vergessen, was Sie können und was nicht. Akzeptieren Sie, daß die Lage schlecht ist, und spielen Sie das Loch mit so wenigen Schlägen wie möglich. Die Lage im langen Gras kann letzten Endes bedeuten, daß Sie sich statt mit einem möglichen Par mit einem bequemen Bogey zufriedengeben müssen. Aber passen Sie auf, daß nicht noch etwas Schlimmeres daraus wird.

Kommen wir nun zum Schwung. Da es aus dieser Lage, wie schon gesagt, nicht möglich ist, das Grün zu erreichen, konzentriere ich mich darauf, den Ball an eine geeignete Stelle auf das Fairway zu schlagen. Aus einer Lage in tiefem Gras spielen Sie am besten einen Punch-Schlag, so daß der Ball flach – was durch die Lage im Gras ohnehin diktiert wird – und scharf zu der von Ihnen gewählten Stelle herausfliegt. Er soll nicht flach und schwach herausfliegen, denn das würde wahrscheinlich nur bedeuten, daß er ein paar Meter weiter wieder ins lange Gras plumpst. Es sollte also ein Punch-Schlag sein, muß deswegen aber kein Schlag von der Güte eines Mike Tyson sein.

Da der Ball so tief im Rough liegt, muß der Abschwung sehr steil erfolgen. Spielen Sie den Ball von einer Stelle zwischen Mitte des Stands und rechtem Fuß, und halten Sie das Gewicht etwas mehr auf der linken Seite, um den erforderlichen steilen Schwung zu ermöglichen.

Halten Sie die Hände beim Ansprechen gut vor dem Ball, um die aufrechte Schwungebene zu erzielen. Vielleicht sollten Sie den Schläger ein bißchen fester als normal greifen, vor allem mit der linken Hand, damit sich die Schlagfläche im Treffmoment nicht durch das Gras verdreht. Um das Risiko zu verringern, daß sich der Schlägerkopf zu Beginn des Rückschwungs im Gras verfängt, heben Sie ihn über den Ball anstatt ihn auf den Boden zu setzen. Nur wenige Dinge können einen Schwung so gründlich ruinieren wie eine unterbrochene Einleitung des Rückschwungs, und Sie haben sicherlich genug Golf gespielt, um zu wissen, wie schwer es ist, einen einmal begonnenen Schwung wieder zu stoppen. Trotz der Lage schließe ich die Schlagfläche beim Ansprechen auch ein wenig, weil ich festgestellt habe, daß dadurch meine Chancen, den Schläger ungehindert vom Rough zurück an den Ball zu bringen, vergrößert werden.

Winkeln Sie die Handgelenke frühzeitig zu Beginn des Rückschwungs ab. Der hier erforderliche steilere Schwung führt zu einer kürzeren Drehung von Hüften und Schultern. Auch die Gewichtsverlagerung nach links hat den gleichen Effekt. Alles, was Sie nun noch tun müssen, ist den Ball hart zu schlagen.

Die Art der Lage und die Haltung Ihrer Hände vor dem Ball reduzieren effektiv den Loft des Schlägers, und das müssen Sie einkalkulieren. Beim Zielen müssen Sie bedenken, daß der Ball aufgrund der leicht geschlossenen Schlagfläche nach links von Ihrem Ziel fliegt. Richten Sie sich also entsprechend nach rechts aus. Je dichter das Gras ist, desto weiter nach rechts müssen Sie zielen.

Pitch-Schlag aus langem Gras

RECHTS:
Greifen Sie den Schläger tiefer, und öffnen Sie die Schlagfläche ein wenig. Das Gewicht ruht vorwiegend auf der linken Seite, die Füße stehen enger beieinander als normal.
GEGENÜBERLIEGENDE SEITE:
Schwingen Sie den Schläger auf einer Außenbahn zurück. Winkeln Sie die Handgelenke frühzeitig ab, und vollführen Sie einen verkürzten Rückschwung. Schwingen Sie steil ab, und schlagen Sie ein paar Zentimeter hinter dem Ball in den Boden.
SEITE 82:
Die rechte Hand darf die linke im Treffmoment nicht überrollen.

Pitch-Schlag aus langem Gras

Den Pitch-Schlag aus langem Gras kann man häufig bei der US Open beobachten, wo das Rough rund um die Grüns besonders dick ist. Die Technik für diesen Schlag ähnelt der eines Explosionsschlags aus einem Bunker, obwohl Sie hier den Schläger wenigstens auf dem Boden aufsetzen dürfen, da Sie sich nicht in einem Hindernis befinden.

Im Gegensatz zu vielen anderen in diesem Buch behandelten Schlägen ist dies ein sanfter Schlag. Sie sollten das Gefühl haben, als würden Sie den Schlägerkopf hinter dem Ball fallenlassen anstatt hart hinein zu schlagen. Aber wie die meisten anderen Schläge erfordert auch dieser eine Menge Übung, bevor Sie ihn soweit beherrschen, daß Sie ihn in der Praxis anwenden können.

Greifen Sie den Schläger zur besseren Kontrolle etwas tiefer, d.h., umfassen Sie ihn direkt oberhalb des Schafts. Ein für diesen Schlag geeigneter Schläger ist Ihr Sand-Wedge, obwohl Sie auch einen Schläger mit weniger Neigung nehmen können, wenn Sie nicht ein Hindernis direkt vor Ihnen überspielen müssen.

Verlagern Sie Ihr Gewicht etwas mehr auf die linke Seite, und öffnen Sie die Schlagfläche ein wenig. Stehen Sie aufrecht am Ball, und halten Sie die Füße näher zusammen als normal. Der Ball wird etwas weiter vom rechten Fuß gespielt als bei einem normalen Pitch-Schlag dieser Länge.

Schwingen Sie den Schläger auf einer Außenbahn zurück. Winkeln Sie die Handgelenke frühzeitig ab, und vollführen Sie einen verkürzten Rückschwung von Dreiviertellänge. Schwingen Sie steil ab, schlagen Sie ein paar Zentimeter hinter dem Ball in den Boden, und lassen Sie den Schlägerkopf mit der rechten Hand unter den Ball gleiten. Die rechte Hand darf die linke nicht überrollen. Wichtig bei diesem Schlag ist, hinter den Ball zu schlagen und nicht den Ball selbst zu treffen. Wenn Sie versuchen, den Ball aus dieser Lage zuerst zu treffen, werden Sie ihn nur toppen und im Rough lassen.

Es erfolgt kein nennenswerter Durchschwung, aber der Ball wird nach der Landung auf dem Grün rollen, da er keinen Rückwärtdrall erhält. Dies müssen Sie einkalkulieren, wenn Sie sich vor Ihrem geistigen Auge vorstellen, wo Ihr Ball landen soll.

Schlag hangabwärts aus dem Rough

Auf den Fotografien auf Seite 86 und 87, auf denen dieser Schlag abgebildet ist, sehen Sie, daß ich mit dem Körper die Regel, niemals gegen einen Hang anzukämpfen, beherzige. Der größte Teil meines Gewichts ist auf der linken Seite, und mein Oberkörper ist nach vorn gebeugt, als wollte er es dem Hang gleichtun. Diese Haltung fördert den erforderlichen steilen Rückschwung und gewährleistet, daß die Schlagfläche im Treffmoment niedrig bleibt.

Der Ball wird aus der Mitte des Stands gespielt. Die Handgelenke werden frühzeitig abgewinkelt, um die gewünschte steile Schwungebene zu erzielen. Achten Sie darauf, daß der Schwung nur kurz ist, denn schließlich will man den Ball nicht weit schlagen. Auf den Bildern auf Seite 86 kann man beinahe sehen, wie schön ich den Ball aus dem Gras in die Luft bekommen habe. Die andere Fotografie zeigt den flachen Durchschwung, während ich den Ball nach vorn treibe.

Selbst bei einem perfekten Schläger/Ball-Kontakt müssen Sie einkalkulieren, daß Sie erstens hangabwärts und zweitens aus dem Rough spielen. Beide Faktoren führen dazu, daß der Ball nach seiner Landung rollt. Sie müssen daher die Landezone dieses Schlags sorgfältig planen, damit der Ball nahe am Loch stoppt.

Wichtig ist vor allem, daß Sie nur innerhalb Ihrer Möglichkeiten spielen. Wenn Sie zu ehrgeizig werden, könnte es gut sein, daß Sie den nächsten Schlag wieder aus dem Rough spielen müssen.

Der Fallschirm-Schlag

Dies ist ein wunderbarer Schlag für Ihr kurzes Spiel, mit dem Sie Schläge sparen können. Nehmen Sie dafür Ihren Sand-Wedge. Der Ball fliegt hoch und kurz und landet sanft. Wenn Sie diesen Schlag erst einmal beherrschen, werden Sie ihn bei vielen Gelegenheiten als äußerst nützlich empfinden.

Wenn Ihr Ball im Rough liegt und sich zwischen Ihnen und dem Grün ein Hindernis befindet, so daß er keinen Platz zum Rollen hat, empfiehlt sich der Fallschirm-Schlag. Er erspart Ihnen immer dann Schläge, wenn Sie das Loch nicht angreifen können, sondern den Ball nur aufs Grün legen und dort halten wollen. Immer, wenn Ihr Ball bei einem Routine-Pitch entweder kurz vor einem Bunker oder darin landet oder über das Grün hinaus fliegt, ist der Parachute genau der richtige Schlag. Mit diesem auch als „Floater" bekannte Schlag können Sie Ihren Ball mit zwei Schlägen aus einer Situation einlochen, aus der viele Spieler es kaum mit vier Schlägen schaffen.

Öffnen Sie als erstes die Schlagfläche, und nehmen Sie einen sehr offenen Stand ein. Spielen Sie den Ball von vorn, von einer Stelle gegenüber dem linken Absatz. Verlagern Sie beinahe das gesamte Körpergewicht auf das rechte Bein. Durch diese ungleiche Gewichtsverteilung erhält der Schläger zusätzlichen Loft, und genau den brauchen Sie hier. Um diesen Effekt noch zu erhöhen, halten Sie die Hände beim Ansprechen hinter dem Ball.

Schwingen Sie den Schläger zu Beginn auf einer sehr steilen Ebene

Schlag hangabwärts aus dem Rough

*LINKS UND GEGENÜBER-LIEGENDE SEITE:
Lassen Sie Ihren Körper dem Hang folgen. Sie können sehen, wie stark ich mein Gewicht auf die linke Seite verlagert und meinen Oberkörper nach vorn gelehnt habe. Vollführen Sie einen steilen Rückschwung, und winkeln Sie die Handgelenke frühzeitig ab. Der Schwung ist nur kurz. Der Durchschwung sollte flach sein und dem Hangverlauf folgen, während Sie den Ball nach vorn treiben.*

und außerhalb Ihrer normalen Schwungbahn zurück. Winkeln Sie die Handgelenke dabei so stark ab, wie Sie nur können. Beim Abschwung versuche ich das Gefühl zu haben, als befände sich meine rechte Hand „unter" dem Ball, und ich schwinge im Treffmoment auf einer deutlichen Innenlinie durch den Ball.

Dies ist eindeutig ein rechtsseitiger, rechtshändiger Schlag. Richtig ausgeführt führt die rechte Hand Knie, Hüften und Oberkörper in ein Finish, bei dem alles in Richtung Schlag ausgerichtet ist.

Wichtig ist, daß Sie einen solchen Ball hart schlagen. Scheuen Sie sich trotz der relativ kurzen Entfernung nicht vor einem vollen Schwung. Wenn Sie kneifen und den Schlag zu sanft angehen, treffen Sie den Ball entweder zu fett, so daß er das Grün nicht erreicht, oder Sie schlagen ihn in einen Bunker oder toppen ihn.

Ähnlich wie den Schlag mit dem Eisen 5 aus einem Bunker, sollten Sie auch diesen auf dem Platz probieren, sobald Sie ihn genügend geübt haben. Nur so lernen Sie, Ihrem Schwung zu vertrauen und der Neigung des Schlägers die Arbeit zu überlassen.

Da wir gerade von der Beherrschung dieses Schlags reden, erinnere ich mich an einen Fall, bei dem ich ihn sehr wirkungsvoll anwendete – in der ersten Runde der Masters 1994. Wie Sie vielleicht wissen, gibt es in Augusta fast kein Rough, und bei dieser Gelegenheit befand sich mein Ball in einer prekären Lage, die den Schlag noch erschwerte.

Ich spielte das vierte Loch, ein ziemlich langes Par 3, und mein Abschlag hatte das Grün verfehlt und war ziemlich weit rechts davon gelandet. Bei einer Entfernung von noch gut 20 Metern zur Fahne und einem Bunker zwischen Ball und Grün nahm ich meinen Sand-Wedge und spielte den Fallschirm-Schlag. Obwohl sich das Grün von mir weg neigte, stoppte der Ball etwa einen Meter oberhalb des Lochs.

Es wäre natürlich schlimm gewesen, wenn ich den Schlag nachträglich durch einen ausgelassenen Putt noch vermasselt hätte, aber das war nicht der Fall. Mein Partner an jenem Tag, Raymond Floyd, selbst schon ein Masters-Sieger und Gewinner dreier anderer großer Meisterschaften, meinte anschließend großmütig: „Das war das tollste Par, das ich je gesehen habe."

Rollender Ball nach Wedge-Schlag

Dieser ausgezeichnete Schlag kann leicht und sehr wirkungsvoll direkt von außerhalb des Grüns gespielt werden, anstatt den Putter zu verwenden oder einen Chip-Schlag zu versuchen. Er eignet sich besonders dann, wenn der Ball eng am Rand des Roughs rund ums Grün liegt.

Nehmen Sie Ihren Sand-Wedge, greifen Sie ihn etwas tiefer, um die Kontrolle über diesen Schlag zu verbessern, und sprechen Sie den Ball so an, daß die Schlagfläche direkt auf die Mitte des Balls gerichtet ist.

Der Fallschirm-Schlag

LINKS OBEN:
Stellen Sie sich mit geöffneter Schlagfläche und sehr breitem Stand an den Ball. Spielen Sie den Ball weiter zum linken Fuß hin als bei einem normalen Pitch-Schlag – etwa von einer Stelle gegenüber Ihrem linken Absatz. Verlagern Sie Ihr Gewicht auf die rechte Seite. Die Hände befinden sich etwas hinter dem Ball.

MITTE:
Schwingen Sie den Schläger auf einer steilen Ebene und außerhalb Ihrer normalen Schwungbahn zurück. Winkeln Sie die Handgelenke im Rückschwung so früh wie möglich ab.

LINKS UNTEN:
Im Abschwung sollten Sie das Gefühl haben, als befände sich die rechte Hand unter dem Ball. Die rechte Hand führt den Körper durch den Schlag. Schlagen Sie den Ball hart, und vollführen Sie einen vollen Schwung, der Sie in ein volles Finish hineinführt.

SEITE 90-93:
Die steile Schwungebene folgt einer Schwungbahn von außen.

Es ist besser, wenn Sie den Schläger hinter dem Ball anheben, um das Risiko zu verringern, daß sich der Schlägerkopf zu Beginn des Rückschwungs im Gras verfängt. Anders als bei den meisten anderen Schlägen wollen Sie hier nicht die untere Hälfte des Balls treffen.

Schlagen Sie statt dessen mit festen Handgelenken mit der Unterkante des Schlägers hart gegen die Ballmitte, fast so, als wollten Sie den Ball toppen. Er wird fast wie ein Putt zum Loch rollen.

Üben Sie diesen Schlag, um herauszufinden, wie hart Sie den Ball schlagen müssen, damit er über bestimmte Entfernungen rollt. Sie werden feststellen, daß Sie ihn bald mit größerer Regelmäßigkeit vom Grünrand mit zwei Schlägen, manchmal sogar mit einem einlochen.

Rollender Schlag mit dem Wedge

OBEN:
Setzen Sie den Schläger beim Ansprechen nicht fest auf.
LINKS AUSSEN:
Greifen Sie den Sand-Wedge etwas kürzer, und sprechen Sie den Ball so an, daß die Schlagfläche direkt auf die Mitte des Balls gerichtet ist.
OBEN MITTE:
Dieser Schlag erfordert steife Handgelenke. LINKS: Schlagen Sie mit der Unterkante des Schlägers fest gegen die Ballmitte. Der Ball rollt wie ein Putt zum Loch.

ZWISCHEN BÄUMEN

DAS STEUERN VON BÄLLEN

Als Junge trainierte ich am liebsten den ganzen Tag – auf Ödland, am Strand von Pedrena oder im Rough rund um die Fairways des Platzes, da ich auf dem Platz selbst so gut wie nie spielen durfte. So hatte ich also gar keine andere Wahl, als Schläge zu improvisieren, da die Lage meiner Bälle eigentlich immer schlecht war.

Ich mußte herausfinden, wie ein Ball hoch über Hügel, niedrig unter Zweigen hindurch, von links nach rechts um Baumstämme herum oder von rechts nach links bei Seitenwind, einhändig oder mit der linken Hand zu spielen ist. Ich habe keinerlei Zweifel daran, daß mir diese endlosen Tage des Entdeckens, was man mit einem Golfball alles machen kann, in meiner späteren Karriere unerhört geholfen haben, und ich hoffe, nun mit meinen Erfahrungen dazu beitragen zu können, daß Sie das nächste Mal, wenn Sie in Nöten sind, besser damit fertig werden.

In diesem Kapitel will ich alle Situationen aufzeigen – schlimm oder weniger schlimm – , in die ein Ball innerhalb eines Golferlebens geraten kann. Sei es, daß Sie ihn zwischen Bäumen hindurch schlagen müssen, unter Zweigen hervor oder aus Büschen heraus – manche Lagen werden sich häufiger ergeben, andere sicherlich nur selten. Aber machen Sie sich mit allen Möglichkeiten vertraut, denn bei verkehrter Handhabung geht Ihr Score schneller in die Höhe als ein hoher Drive bei Gegenwind.

Der hohe Fade

Der Fade ist von Haus aus ein hoher Schlag, der sanft landet. Viele Pros entscheiden sich selbst auf der Mitte des Fairways, wenn Ihnen weder Bäume noch Hindernisse im Weg sind, für diesen Schlag. Durch die weiche Landung ist der Ball leichter zu kontrollieren, und bei engen Fahnenplazierungen kann man aggressiver spielen. Für Amateurspieler ist der Fade einfach ein sicherer Schlag als der Draw. Ein außer Kontrolle geratener Draw schießt nach links und rollt nach der Landung schnell und noch viel weiter nach links. Ein mißglückter Fade beschreibt vielleicht eine stärkere Kurve, als Ihnen lieb ist, aber sein Seitwärtsdrall hält ihn davon ab, nach der Landung wie verrückt abzudrehen.

Für einen Fade nehmen Sie einen längeren Schläger als normal, da er durch seine Flugbahn von links nach rechts an Weite verliert. In den Abbildungen auf Seite 100 spiele ich mit einem Eisen 3, wo ich sonst ein Eisen 4 genommen hätte. Um den Ball auf eine hohe Flugbahn von links nach rechts zu bringen, muß man gewisse Änderungen in der Ansprechhaltung vornehmen. Der Schwung erfolgt dann wie bei jedem anderen Schlag.

Bei bestimmten Gelegenheiten wollen Sie Ihren Ball vielleicht ganz bewußt slicen. Genau wie beim Draw und Hook müssen Sie Ihren normalen Schwung umso stärker ändern, je mehr Drall von links nach rechts Sie dem Ball geben wollen.

Für den hohen Fade nehmen Sie einen offenen Stand ein, indem Sie die Füße nach links vom Ziel ausrichten. Die Schlagfläche zeigt zur Fahne. Die Ballposition – ziemlich weit vorne zum linken Fuß hin – wird in Verbindung mit dem offenen Stand die Neigung des Schlägers maximieren und dafür sorgen, daß der Ball hoch in die Luft steigt.

Ich habe festgestellt, daß es eine zusätzliche Hilfe ist, um den Ball bei diesem Schlag in die Luft zu bekommen, wenn ich meinen Köper ein wenig nach rechts beuge, indem ich die rechte Schulter stärker fallen lasse als normal. Verlagern Sie deswegen Ihr Gewicht aber nicht stärker auf die rechte Seite. Es sollte vielmehr gleichmäßig auf beide Beine verteilt sein, obwohl der Ball von vorn gespielt wird. Als Folge dieser Änderungen in der Ausrichtung schwingen Sie auf einer Bahn von außen nach innen durch den Ball, so daß er auf einer Flugbahn von links nach rechts startet.

Wichtig ist, daß Sie die Hände beim Ansprechen ein wenig vor dem Ball halten, genau wie bei einem normalen Schlag. Begehen Sie nicht den Fehler, die Hände hinter den Ball zu bringen bei dem nutzlosen Versuch, ihn in die Luft zu befördern. Denken Sie daran, daß Sie beim Golf nach unten schlagen, um den Ball nach oben zu bringen.

Vielleicht sollten Sie den Schläger mit der linken Hand auch ein wenig fester und mit der rechten etwas lockerer als normal greifen, um ein festes linkes Handgelenk im Treffmoment zu gewährleisten und zu verhindern, daß die rechte Hand die Schlagfläche umdreht. Beim hohen Fade dominiert die linke Hand.

Der flache Fade

Beim flachen Fade sind zwei entgegengesetzte Drall-Kräfte am Werk. Der Fade-Drall befördert den Ball nach oben, während Sie gleichzeitig versuchen, ihn durch eine Reduzierung des Unterschnitts flach zu halten. Der flache Fade erfordert daher viel mehr Änderungen in der Ausrichtung als der hohe und ist alles andere als ein einfacher Schlag.

Spielen Sie den Ball aus der Mitte des Stands oder etwas zum rechten Fuß hin, um die Flugbahn niedrig zu halten. Die Ausrichtung für den flachen Fade ähnelt eigentlich, wie wir sehen werden, eher der für einen Draw als für einen Fade. Um der Flugbahn des Balls die gewünschte Form zu geben, muß der Körper genau wie für den hohen

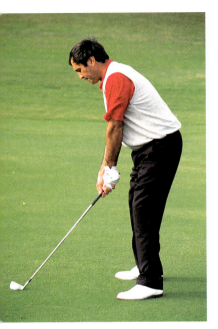

Der Fade

RECHTS:
Um einen Baum herum können
Sie den Ball als Fade oder
Draw spielen.
OBEN:
Dies ist die Ansprechhaltung
für einen Fade, der von Haus
aus hoch fliegt.

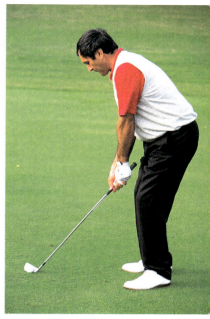

Der Draw

OBEN:
Eine andere Möglichkeit, den Ball um ein Hindernis herum zu spielen, ist ein Draw. Da der Ball beim flachen Draw weiter fliegt und rollt als beim normalen Schlag, brauche ich für diese Weite nur ein Eisen 5.

Fade nach links ausgerichtet sein. Im Gegensatz aber zum hohen Fade ist diesmal die Schlagfläche parallel zur Ansprechhaltung. So kommt der Schwung von außen nach innen zustande, aber der Ball erhält mehr Schnitt als beim hohen Fade.

Greifen Sie den Schläger tiefer und wiederum mit der linken Hand etwas fester als mit der rechten. Die Hände bleiben während des Schlags vor dem Ball. Der Cut-Schlag – wie der flache Fade manchmal auch genannt wird – erfordert einen Schwung wie aus einem Guß. Achten Sie also auf feste Handgelenke im Treffmoment, und halten Sie die Schlagfläche square.

Im Treffmoment müssen Sie das Gefühl haben, als würde die Schlagfläche quer über den Ball schneiden und ihm den gewünschten Drall von links nach rechts geben. Allein schon durch die Art dieser Bewegung wird der Durchschwung verkürzt sein, ein Zeichen, daß Sie den Schlag richtig ausgeführt haben. Da der Ball beim Cut niedrig fliegt, rollt er bei der Landung, und dies müssen Sie bei der Berechnung der Stelle, wo er auf dem Boden aufsetzen soll, einkalkulieren.

Der flache Draw

Der Draw ist der von den meisten Pros bevorzugte Schlag vom Abschlag, weil man damit die größte Weite erzielt. Wenn Sie Ihr Spiel völlig unter Kontrolle haben – und das können nicht viele von sich behaupten –, dann ist die ideale Strategie die, den Drive als Draw und den Annäherungsschlag als Fade zu spielen, da der Ball durch die Flugbahn des Fades von links nach rechts weicher landet. Die folgende Technik wird Ihnen selbst bei einer perfekten Lage sehr zugute kommen.

Der Hook ist die extreme Version des Draws. Die Flugbahn beider Schläge verläuft von rechts nach links, und beide sind im wesentlichen flache Schläge. Vom Abschlag oder der Mitte des Faiways aus ist ein Hook ein mißglückter Draw, ein Ball, der unbeabsichtigt eine wilde Kurve beschreibt und nach der Landung schnell rollt, bis er gewöhnlich in einer mißlichen Lage liegen bleibt. Wenn Sie jedoch wollen, daß Ihr Ball schnell um einen Baum oder ein anderes Hindernis herum fliegt, das ganz in Ihrer Nähe Ihren Weg zum Ziel blockiert, ist der Hook der richtige Schlag. In diesem Kapitel gehen wir davon aus, daß Sie einen Hook schlagen, weil Sie es so wollen, und nicht, weil Ihr Schwung schlecht war.

Um dem Ball den erforderlichen Seitwärtsdrall zu geben, ziehen Sie beim Stand den rechten Fuß etwas hinter den linken, so daß der Körper nach rechts vom Ziel ausgerichtet ist. Die Schlagfläche zeigt hingegen zum Ziel. Durch diese Ansprechhaltung wird die Schlagfläche im Verhältnis zur Schwungbahn geschlossen, und der Ball beschreibt entsprechend eine Kurve von rechts nach links.

Zur besseren Kontrolle greifen Sie den Schläger etwas weiter unten. Während ich meine Hände bei jedem normalen Schlag, ganz gleich, welchen Schläger ich benutze, beim Ansprechen nur ein wenig vor dem Ball halte, sind sie bei diesem Schlag deutlich vorn.

Der Ball wird aus der Mitte oder sogar ein wenig zum rechten Fuß hin gespielt, je nach Länge des Schlägers, den Sie benutzen, und der Stärke der gewünschten Kurve. Je geschlossener Ihr Stand ist und je weiter Sie den Ball zum rechten Fuß hin spielen, desto deutlicher verläuft die Flugbahn von rechts nach links, desto niedriger fliegt der Ball und desto weiter rollt er nach der Landung. Nehmen Sie also einen Schläger weniger. Auf den Photographien auf Seite 108 spiele ich mit einem Eisen 5, obwohl ich für einen normalen Schlag dieser Weite ein Eisen 4 benutzt hätte.

Durch den geschlossenen Stand schwingen Sie den Schläger nach innen zurück. Um diese Schwungbahn nach innen noch zusätzlich zu verstärken, sollten Sie etwas flacher als normal schwingen. Wenn Sie zu den Spielern gehören, die sich gerne eines bestimmten Schwunggedankens bedienen, dann denken Sie daran, die Hände durch den Ball hindurch zu drehen. Da die rechte Hand die linke im Treffmoment überrollt, um dem Ball Draw-Drall zu geben, schwingen Sie automatisch voll durch. Die Schultern werden sich jedoch aufgrund der flacheren Schwungebene flacher als normal drehen, aber zu diesem Zeitpunkt ist der Ball schon ziemlich weit auf seinem Weg.

Der hohe Draw

Allein schon die Bezeichnung ist ein Widerspruch in sich. Die Flugbahn eines Draws verläuft von Haus aus niedrig, da der Ball durch den Drall von rechts nach links nach unten gezogen wird. Will man einem Draw mehr Höhe geben, so ist der einfachste Weg der, einen Schläger mit größerer Neigung zu nehmen. Diese Möglichkeit bedarf keiner Erklärung und ist daher häufig der beste Rat. Erfordert die Entfernung also normalerweise ein Eisen 5, und müssen Sie einen Baum über- und umspielen, empfiehlt es sich also, statt dessen ein Eisen 7 zu nehmen.

Manchmal aber wollen Sie vielleicht beides erreichen – eine hohe Flugbahn und Weite. Ich erinnere mich besonders an eine Gelegenheit, bei der ich beides benötigte, und zwar am ersten Loch in der zweiten Runde der Masters 1988 in Augusta. Ich hatte meinen Drive in die Bäume links vom Fairway verzogen und konnte nur mit einem hohen Ball den überhängenden Zweigen entkommen, andererseits nur mit einem Draw auf dem Grün landen. Golfschläge funktionieren nicht immer so, wie man sie sich vorstellt, aber lassen Sie mich erzählen, wie ich bei dieser Gelegenheit noch mein Par rettete.

Die für einen solchen Schlag benötigte Technik ist ähnlich der für ei-

Der flache Fade

NÄCHSTE SEITE, OBEN:
Greifen Sie den Schläger kürzer, um ihn besser kontrollieren zu können. Nehmen Sie einen offenen Stand ein, aber richten Sie die Schlagfläche parallel zur Linie aus. Spielen Sie den Ball aus der Mitte des Stands oder etwas zum rechten Fuß hin.
UNTEN:
Der Schwung erfolgt von außen nach innen und befördert den Ball auf eine Flugbahn von links nach rechts. Greifen Sie den Schäger mit der linken Hand etwas fester als mit der rechten.
SEITE 105, OBEN:
Diese Haltung nach dem Treffmoment des flachen Fades zeigt, daß die linke Körperseite dominiert. Meine offene Ausrichtung führt zu einer Schwungbahn von außen nach innen, bei der die Hände während des ganzen Schwungs vor dem Ball bleiben.
UNTEN:
Sie müssen bei diesem Schlag wie aus einem Guß schwingen. Winkeln Sie die Handgelenke im Treffmoment nicht ab, sondern halten Sie die Schlagfläche statt dessen geöffnet. Der Durchschwung ist verkürzt. Auf dieser Abbildung ist deutlich zu erkennen, daß ich den Schläger weiter unten greife.

nen regulären Draw. Um dem Ball eine Flugbahn von rechts nach links zu geben, wählen Sie einen geschlossen Stand, bei dem die Füße nach rechts zum Ziel hin ausgerichtet sind, die Schlagfläche jedoch square zum Ziel gerichtet ist. Im Treffmoment wird sie als Folge dieser Ausrichtung geschlossen. Die Schwungbahn verläuft aufgrund des geschlossenen Stands wiederum innerhalb der Linie zum Ziel.

Der Ball wird zum linken Fuß hin gespielt. Wie weit zum linken Fuß hin, hängt von der Länge des verwendeten Schlägers ab und von der Stärke der gewünschten Kurve. Aufgrund der Ballposition fliegt der Ball schnell in die Luft. Die Hände befinden sich beim Ansprechen vor dem Ball, müssen sich aber im Abschwung durch den Ball hindurch drehen, so daß die rechte die linke Hand überrollt und der Ball den erwünschten Draw-Drall erhält. Im Treffmoment ruht das Gewicht hinter dem Ball, und Sie sollten den Schwung höher beenden als bei einem flachen Draw.

Der Punch-Schlag

Der erste Fehler, den viele Amateurspieler bei dem Versuch, den Ball mit einem Punch-Schlag flach zu spielen, begehen, ist, ihn zu hart zu schlagen. Bei einem absolut perfekten Schlag kommen sie vielleicht noch ungeschoren davon, aber normalerweise ist der Schläger/Ball-Kontakt alles andere als ideal, und dadurch erhält der Ball Drall, wenn man ihn am wenigsten braucht. Zuviel Drall befördert den Ball entweder hoch in die Luft oder in eine Kurve nach links oder rechts, und das kostet sowohl Weite als auch Richtung.

Spielen Sie den Ball zum rechten Fuß hin, direkt von einer Stelle innerhalb des rechten Absatzes. Dadurch wird die Neigung des Schlägers reduziert und der Winkel hergestellt, mit dem die Schlagfläche im Treffmoment auf den Ball treffen soll. Ich muß Sie jedoch warnen: Nehmen Sie für diesen Schlag keinen Schläger mit weniger Loft als ein Eisen 5. Wenn Sie den Punch-Schlag zum Beispiel mit einem Eisen 3 versuchen, kommt die Schlagfläche mit ihrer reduzierten Neigung der eines Eisens 1 gleich – und wie gut sind Sie schon mit diesem Schläger?

Greifen Sie den Schläger etwas kürzer, um ein besseres Gefühl zu haben, und verlagern Sie Ihr Gewicht mehr als gewöhnlich auf die linke Seite. Diese Angleichungen verhelfen Ihnen nicht nur zu einem flachen Ball, sondern beschränken auch den Rückschwung, so daß Sie steil und scharf abschwingen und den Schlägerkopf akkurat an den Ball bringen können.

Der Punch-Schlag erfordert nur einen geringen Handeinsatz. Die Hände bleiben während des ganzen Schwungs vor dem Schlägerkopf. Achten Sie die ganze Zeit über auf die Beibehaltung einer festen linken Seite, wie sie durch Ihre Gewichtsverlagerung beim Ansprechen vorgegeben wurde. Der verkürzte Rückschwung und die feste linke Seite haben einen verkürzten Durchschwung zur Folge. Sie sollten das Gefühl haben, als würden Sie den Ball bis zu seinem Ziel verfolgen. Halten Sie den Schlägerkopf auch kurz nach dem Treffmoment noch flach am Boden, nachdem der Ball von der Schlagfläche abgegangen ist.

Schlag aus Baumwurzeln

Wenn sich Ihr Ball es zwischen Baumwurzeln gemütlich gemacht hat, haben Sie unter Umständen keine große Wahl, wie Sie ihn am besten ansprechen – wenn er überhaupt spielbar ist. Solange Sie aber eine Stelle finden können, die Ihnen einen einigermaßen vernünftigen Stand bietet und von der aus Sie den Schläger an den Ball bringen können, sollten Sie die Möglichkeit nutzen und ihn spielen.

Öffnen Sie die Schlagfläche weit, da Sie im Treffmoment möglichst viel Loft benötigen. Greifen sie den Schläger zur besseren Kontrolle etwas kürzer. Der Schwung muß notwendigerweise steil sein, um die Schlagfläche an den Ball zu bringen. Wenn Ihr Ball ähnlich wie bei mir auf Seite 110 direkt am Baumstamm liegt, ist der Rückschwung beschränkt, und Sie werden zu keiner Körperdrehung fähig sein. In diesem Fall dominiert die rechte Hand, da sie der einzige Körperteil ist, mit dem Sie aus Ihrer Stellung hinter dem Baum überhaupt Kraft erzeugen können.

Die Baumwurzeln werden den Durchschwung erheblich verkürzen. Widerstehen Sie jedoch der Versuchung, zu früh aufzublicken, um festzustellen, wo der Ball gelandet ist. Halten Sie die Augen auf den Ball gerichtet, so daß Sie Ihren Schlägerkopf nicht beschädigen oder gar Ihre Hand verletzen, indem Sie zu scharf in die Wurzeln schlagen. Wenn Sie irgendein Risiko für Ihre Ausrüstung – oder, noch wichtiger, für sich selbst – erkennen, sollten Sie lieber einen Strafschlag für eine unspielbare Lage in Kauf nehmen und den Ball außer Reichweite des Baums fallenlassen. Morgen gibt es wieder eine Runde.

Bedeckte Lage

Diese Art Situation ist Ihnen sicherlich nicht fremd. Wahrscheinlich waren Sie schon öfter damit konfrontiert, als Ihnen lieb ist, und obwohl ich auf den Abbildungen auf Seite 116 lächle, gibt es eigentlich nichts zu lachen. Allerdings besteht auch kein Grund zur Panik, denn zumindest ist ja noch ein Schlag möglich.

Obwohl der Ball zu sehen ist, können Sie ihn nicht richtig ansprechen. Versuchen Sie nicht, das Brombeergebüsch, das Gestrüpp, die Büsche, das Heidekraut oder worin immer Ihr Ball liegt, zu berühren. Er könnte sich nämlich dabei bewegen, was Ihnen wiederum einen

Der flache Draw

RECHTS OBEN:
Für den Draw schließen Sie die Schlagfläche beim Ansprechen. Greifen Sie den Schläger etwas kürzer, und schließen Sie den Stand, indem Sie den rechten Fuß hinter den linken ziehen. Der Ball wird aus der Mitte des Stands oder sogar etwas zum rechten Fuß hin gespielt, und die Hände bleiben vor dem Ball. Richten Sie die Schlagfläche direkt zum Ziel aus.

MITTE:
Schwingen Sie den Schläger auf einer Innenbahn zurück und auf einer flacheren Schwungebene als normal. Sie können auf der Abbildung erkennen, wie flach meine rechte Schulter zu Beginn des Abschwungs ist.

RECHTS UNTEN:
Im Treffmoment drehen sich die Hände durch den Ball, und die rechte Hand überrollt die linke. Das führt zu einem flacheren Finish als gewöhnlich, aber Sie schwingen dennoch ungehindert durch.

Der hohe Draw

LINKS OBEN:
Die Ansprechhaltung für einen hohen Draw ist ähnlich der für einen normalen Draw. Mein Körper befindet sich jedoch etwas mehr hinter dem Ball.
MITTE:
Meine Schultern sind während des Schwungs etwas höher und führen zu einem höheren Finish als beim normalen Draw.
LINKS UNTEN:
Beachten Sie, wie meine rechte Hand die linke überrollt.

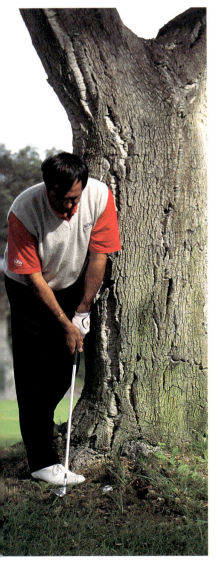

Strafschlag einbrächte. Außerdem – wenn Sie vesuchen, Ihren Schwung mit dem Schläger direkt hinter dem Ball zu beginnen, ist das Risiko, daß der Schlägerkopf sich verheddert und der Schlag gleich von Anfang an verdorben wird, ziemlich groß.

Die beste Strategie, um einen Ball aus einer bedeckten Lage zurück ins Spiel zu bringen, besteht im kürzesten Weg, der möglich ist. Sie benötigen viel Loft, um durch das Unkraut zu schneiden und an Ihren Ball heranzukommen. Verwenden Sie also keinen Schläger mit weniger Loft als ein Eisen 8.

Spielen Sie den Ball zum rechten Fuß hin, um ihn möglichst sauber vom Boden zu bringen. Greifen Sie den Schläger etwas kürzer, um die Bewegung des Schlägerkopfes besser unter Kontrolle zu bringen. Vollführen Sie einen möglichst vollen und normalen Schwung. Schlagen Sie im Abschwung den Ball hart. Der Schläger wird sich wahrscheinlich unweigerlich im Gestrüpp verfangen, und Sie müssen kraftvoll und energisch nach unten schlagen, um den Ball zurück aufs Fairway zu befördern. Wenn sie angesichts des Gestrüpps ängstlich werden und Ihren Schwung verlangsamen, werden Sie ihn mit großer Sicherheit in der üppigen Wildnis lassen oder nur erreichen, daß er an eine noch schlimmere Stelle springt.

Schlag aus Zweigen

Wieder liegen wir im Gestrüpp, aber mit dem Unterschied, daß der Ball diesmal etwa einen halben Meter über dem Boden in den Zweigen eines Busches hängt. Der Ball liegt also deutlich oberhalb Ihrer Füße, so daß Sie eine ähnliche Technik anwenden müssen, wie wir sie für die unebene Lage besprochen haben.

Immer, wenn Ihr Ball mitten in der Luft hängt, nehmen Sie einen Schläger mit möglichst wenig Loft, aber soviel, daß Sie noch Vertrauen darin haben – sagen wir, ein Eisen 4. Sobald der Schläger im Abschwung auf das Gestrüpp trifft, wird die Schlagfläche durch die Zweige in eine geöffnete Stellung gedreht, so daß der Loft des Eisens 4 dem eines Eisens 6 entspricht. Deshalb können Sie für einen solchen Schlag auch keinen Wedge verwenden.

Auf den Fotografien auf Seite 118 und 119 können Sie erkennen, wie tief unten ich den Schläger greife, da der Ball dem Schlägerkopf nun viel näher ist, als wenn Sie ihn vom flachen Boden spielen. Achten Sie beim Ansprechen darauf, nicht das Laubwerk, auf dem der Ball ruht, zu berühren, so daß Sie seine Lage nicht unbeabsichtigt verändern. Schwingen Sie den Schläger auf der gleichen Ebene zurück, auf der der Ball liegt, ohne die Handgelenke zu früh abzuwinkeln und den Schläger in eine aufrechtere Schwungposition hochzureißen.

Bei einer solchen Lage des Balls muß Ihre Schwungebene sehr flach

Schlag aus Baumwurzeln

GEGENÜBERLIEGENDE SEITE. RECHTS UND LINKS AUSSEN:
Wenn Sie Ihren Ball aus Baumwurzeln heraus spielen müssen, sollte die Schlagfläche beim Ansprechen weit geöffnet sein. Greifen Sie den Schläger zur besseren Kontrolle etwas kürzer.
LINKS UNTEN UND MITTE:
Bei diesem Schlag ist keine Körperdrehung möglich. Es ist ein von der rechten Hand dominierter Schlag, bei dem die Baumwurzeln den Durchschwung erheblich beschränken.
RECHTS UNTEN:
Widerstehen Sie der Versuchung, zu früh auf- und dem Ball hinterherzublicken.

Rechtshändiger Schlag mit der Schlägerspitze

OBEN:
Die Baumwurzeln verhindern hier das Ansprechen des Balls mit dem Sweetspot der Schlagfläche.
RECHTS:
Sprechen Sie den Ball mit der Schlägerspitze an, und verwenden Sie den Schläger, mit dem Sie sich am wohlsten fühlen.
GEGENÜBERLIEGENDE SEITE:
Wählen Sie einen geöffneten, aber engen Stand. Greifen Sie den Schläger weiter unten, und schwingen Sie ihn mit Händen und Armen zurück.
SEITE 114:
Konzentrieren Sie sich auf einen sauberen Schläger/Ball-Kontakt, und treiben Sie den Ball nach vorn. Halten Sie den Kopf während des Schlags unten, bis der Ball auf dem Weg ist.
SEITE 115:
Ein weiterer Durchschwung als hier abgebildet ist bei diesem Schlag nicht nötig.

Bedeckte Lage

RECHTS OBEN:
Vermeiden Sie es, die Zweige beim Ansprechen zu berühren, denn wenn Sie den Ball dabei bewegen, kostet es Sie einen Strafschlag.
MITTE:
Spielen Sie den Ball von einer Stelle gegenüber dem rechten Fuß, und greifen Sie den Schläger kürzer. Schlagen Sie dann den Ball so hart Sie können.
UNTEN:
Der Schläger wird sich unweigerlich im Gestrüpp verfangen, aber das ist egal, solange Sie den Ball herausbekommen.

sein, und der Schläger schwingt um die Hüfte herum. Der Rückschwung ist durch das Gestrüpp natürlich begrenzt, aber Sie sollten, wenn es möglich ist, eine Dreivierteldrehung vollführen.

Halten Sie die Hände in der Treffzone trotz der Blätter und Zweige, die dem Schlägerkopf im Weg sind, fest und ruhig. Der Ball fliegt auf einer niedrigen Flugbahn nach links und wird nach der Landung weit rollen. Suchen Sie sich Ihr Ziel sorgfältig aus.

Der eingeschränkte Schwung

Wenn Rückschwung und Durchschwung durch Zweige behindert werden, muß der Schwung, um überhaupt möglich zu sein, auf einer sehr flachen Ebene erfolgen. Der Schlag wird daher von den Händen dominiert. Als Faustregel läßt sich sagen, daß Sie keinen Schläger mit größerer Neigung als ein Eisen 8 und mit geringerer als ein Eisen 5 nehmen sollten. Sie wollen schließlich den Ball nicht mit einem längeren Schläger über den Boden kullern oder mit einer stark geneigten Schlagfläche noch tiefer in die Bäume schlagen.

Schwingen sie den Schläger also extrem flach und hauptsächlich mit den Händen um den Körper herum. Um diesem flachen Schwung die richtige Grundlage zu geben, nehmen Sie einen deutlich breiteren Stand ein, wie Sie es bei mir auf Seite 120, 123 und 125 sehen. Beugen Sie die Knie ein wenig mehr als normal. Achten Sie darauf, daß das Schlägerende auf gleicher Höhe mit meinem (niedrigeren) rechten Knie ist. Das bewirkt, daß der Ball flach unter den Zweigen hervor fliegt.

Sie werden erkennen, daß ich meine Handgelenke nicht allzu schnell abgewinkelt habe, um zu vermeiden, daß der Schlägerkopf sich in den Zweigen verfängt. Bei einem Schlag mit wenig Körperbewegung winkeln sich die Handgelenke nur minimal ab.

Die Kraft rührt vom Schlag der Hände durch den Ball hindurch her. Der Schwung ähnelt einem kraftvollen Fegen, wobei sich die rechte Hand im Treffmoment genau wie beim Draw oder Hook über die linke dreht. Dieser Handeinsatz fördert wiederum die niedrige Flugbahn und sorgt dafür, daß der Ball ziemlich weit fliegt. Mit der nötigen Übung werden Sie den Ball mit einem eingeschränkten Schwung 60 bis 70 Meter weit schlagen.

Schlag auf den Knien

Der Schlag aus einer knieenden Haltung heraus ist eine übertriebene Version des im vorigen Kapitel beschriebenen Schlags. Obwohl Sie Ihre Chancen für ein Gelingen dieses fast schon wie ein Trickschlag anmutenden Schlags gering einschätzen mögen, können Sie sich unter Um-

Schlag aus Zweigen

NÄCHSTE SEITE, LINKS:
Nehmen Sie einen Schläger mit wenig Loft, und greifen Sie ihn zur besseren Kontrolle weiter unten.
RECHTS:
Schlagen Sie den Ball auch diesmal wieder hart, achten Sie auf ein gutes Gleichgewicht, und halten Sie den Kopf ruhig.
SEITE 119:
Der Schläger hat sich in den Zweigen verfangen, trotzdem befindet sich der Ball auf seinem Weg.

Der eingeschränkte Schwung

VORHERGEHENDE SEITEN 120/121:
In einer solchen Situation müssen Sie sehr flach schwingen. Nehmen Sie also als erstes einen breiteren Stand ein. Beugen Sie die Knie mehr als normal, und ziehen Sie den rechten Fuß hinter den linken. Das Schlägerende befindet sich in etwa gleicher Höhe mit dem rechten Knie, was bewirkt, daß der Ball flach unter den Zweigen hervor fliegt.
122/123:
Winkeln Sie die Handgelenke nicht zu schnell ab, damit sich der Schlägerkopf nicht in den Zweigen verfängt.
124/125:
Die Kraft rührt von den Händen her, während Sie kraftvoll durch den Ball fegen. Dabei überrollt die rechte Hand die linke, um Kraft zu erzeugen und den Ball flach zu halten.

ständen mit einer Kombination von Genialität und Vernunft einen Strafschlag ersparen. Dieser Schlag zwingt Sie buchstäblich auf die Knie, aber deswegen braucht er nicht Ihre ganze Runde zu verderben.

Der beste Schläger für einen Schlag auf den Knien ist häufig ein Eisen 6. Da Sie den Ball niedrig halten müssen, ist ein Schläger mit noch größerer Neigung riskant, während Sie mit einem längeren Schläger Schwierigkeiten haben dürften, den Ball überhaupt in die Luft zu bekommen.

Knien Sie sich so auf den Boden, daß es einigermaßen bequem ist. Aus dieser Ansprechhaltung heraus können Sie gar nicht anders als sehr flach schwingen, was Ihnen gleichzeitig hilft, den Schläger unterhalb der Sie umgebenden Zweige zu halten. Der Schwung ist weitgehend eine Drehung um den Körper. Der Schlägerschaft befindet sich flach am Boden, und die Schlagfläche zeigt gleichzeitig nach oben und vorne.

Bei dieser Ansprechhaltung müssen Sie den Schläger kürzer greifen, aber um ihn in dieser schwierigen Haltung besser kontrollieren zu können, sollten Sie mit den Händen vielleicht sogar noch weiter nach unten gehen als ich auf den Fotografien auf Seite 127.

Da dieser Schlag ausschließlich von den Händen dominiert wird, brauchen Sie die Handgelenke nicht stark abzuwinkeln, damit Sie den Schlägerkopf unterhalb der Zweige halten können. Im Treffmoment sollten Sie das Gefühl haben, als wollten Sie den Ball vom Boden fegen. Seien Sie bei diesem Schlag nicht übertrieben ehrgeizig. Sie können zwar versuchen, den Ball so weit wie möglich heraus zu schlagen, entscheidend ist aber, daß Sie ihn überhaupt herausbekommen.

Noch ein Rat zum Schluß: Wenn der Boden auch nur ganz leicht feucht ist, sollten Sie, wie ich auf den Photos, besser eine wasserdichte Hose überziehen. Achten Sie jedoch genau auf die Mittel, zu denen Sie greifen, um Ihre Kleidung zu schützen. Vielleicht erinnern Sie sich an den Fall des früheren Masters-Champion Craig Stadler, der einmal von einem Turnier disqualifiziert wurde, weil er sich für diesen Schlag ein Handtuch unter die Knie gelegt hatte. Verglichen damit wäre ein Strafschlag ein Preis, den zu zahlen die Sache wert wäre. Mit ein bißchen Übung von unorthodoxen Schlägen wie diesem brauchen Sie aber keines der beiden Schicksale zu erleiden.

Schlag mit einer Hand

Der Schlag mit einer Hand wird vom Rechtshänder mit der rechten, vom Linkshänder mit der linken gespielt. Diese Technik ist recht praktisch, wenn Sie nicht in die Richtung blicken können, in die Sie den Ball spielen wollen. Auf den Abbildungen der Seite 128 können Sie erkennen, daß ich, wäre ich ein Linkshänder, nur wenig Schwierigkeiten haben würde, diesen Ball zu spielen. Da ich aber Rechtshänder bin, muß ich ihn rückwärts spielen.

Schlag auf den Knien

LINKS OBEN:
Knien Sie sich so auf den Boden, daß es einigermaßen bequem ist. Der Schwung verläuft sehr flach, damit Sie den Schläger unterhalb der Zweige halten können. Achten Sie darauf, wie weit unten ich den Schläger greife.

OBEN:
Der Schwung ist weitgehend eine Drehung um den Körper.

MITTE LINKS:
Bei diesem Schwung winkeln Sie die Handgelenke kaum ab. Sie sollten das Gefühl haben, als würden Sie den Ball vom Boden fegen.

UNTEN:
Seien Sie bei dieser Lage des Balls nicht übrtrieben ehrgeizig, aber wie Sie sehen, ist es durchaus möglich, ihn in die Luft zu bekommen.

Schlag mit einer Hand

RECHTS OBEN:
Wählen Sie einen normalen Abstand zum Ball, und nehmen Sie einen geöffneten Stand ein, aber stellen Sie sich so, daß Ihr Rücken zum Ziel zeigt. Der Ball wird von einer Stelle gegenüber dem rechten Fuß gespielt. Greifen Sie den Schläger zur besseren Kontrolle ziemlich tief, und lassen Sie ihn gerade von den Händen nach unten hängen.
LINKS UNTEN:
Schwingen Sie den Schläger zu Beginn des Rückschwungs in einer Pendelbewegung gerade nach oben und gerade nach unten.
RECHTS UNTEN:
Die Treffzone der Schlagfläche ist bei diesem Schlag erheblich reduziert, so daß Sie gar nicht erst versuchen sollten, eine allzu große Weite zu erzielen.

Stellen sie sich so an den Ball, daß Ihr Rücken zum Ziel gerichtet ist. Genau wie bei jedem Routineschlag wähle ich einen normalen Abstand zum Ball, jedoch mit geöffnetem Stand (als wollte ich den Ball nach vorne schlagen). Der Ball wird gegenüber dem rechten Fuß gespielt.

Greifen Sie den Schläger zur besseren Kontrolle kürzer. Dieser Schlag ist schwierig unter Kontrolle zu bringen, und Sie müssen ihn gut geübt haben, bevor Sie ihn in einem Turnier versuchen. Aber auch dann müssen Sie erst ein Gefühl dafür bekommen, wie er zu spielen ist. Machen Sie daher zuerst ein paar Übungsschwünge, um sich in Ihrem Kopf und Körper die richtigen Gedanken und Bewegungen einzuprägen.

Der Schläger hängt gerade nach unten. Da Sie mit dem Rücken zum Ziel stehen, können Sie den Schläger nicht wie bei einem normalen Schlag auf dem Boden aufsetzen, so daß die Treffzone der Schlagfläche erheblich reduziert ist. Versuchen Sie also bei diesem Schlag nicht, eine besondere Weite zu erzielen. Ich würde Ihnen ein Eisen 8 vorschlagen, obwohl die Lage unter Umständen einen noch kürzeren Schläger erfordert. Schwingen Sie den Schläger zu Beginn des Rückschwungs mit einer Pendelbewegung gerade nach oben und dann gerade zurück.

Sie wissen, daß man beim Golf die Augen immer auf den Ball gerichtet haben sollte. Es mag Ihnen unnötig erscheinen, dies auch für den Schlag mit einer Hand zu betonen, aber da Ihr Spielraum für einen geglückten Schlag in diesem Fall sehr klein ist, ist es in dieser Situation sogar noch wichtiger, den Kopf ruhig zu halten als in anderen. Von all den in diesem Buch beschriebenen schwierigen Schlägen können Sie den Ball bei diesem Schlag am leichtesten total verfehlen, und wenn Sie in die Luft geschlagen haben, fühlen Sie sich nicht nur beschämt, sondern müssen den Schlag auch noch wiederholen.

So nervenaufreibend dieser Schlag von Haus aus schon ist, mußte ich ihn auch noch unter größtem Streß spielen. In der letzten Runde der World Match Play Championship 1981 in Wentworth lag ich am 12. Abschlag der Nachmittagsrunde mit Ben Crenshaw all square. Ich verzog meinen Drive zwischen die Bäume, von denen es auf dem West Course eine Menge gibt, und der einzige Weg, meinen Ball mit einem Schlag auf das Fairway zurückzubekommen, war der, ihn mit einer Hand zu spielen. Es gelang mir, ich landete mit dem dritten Schlag auf dem Grün und schaffte noch ein Par fünf.

Die schlechte Nachricht war, daß Ben ein Birdie vier erzielte, aber letzten Endes gewann ich das Match doch noch auf dem letzten Grün.

Linkshändiger Schlag

Um diesen Schlag zu versuchen, müssen Sie schon in argen Nöten sein, aber da Golf nun mal kein faires Spiel ist, wird Ihnen das Wissen um die beiden Varianten des linkshändigen Schlags eines Tages vielleicht von

Nutzen sein. Man kann den Ball entweder mit der Schlägerspitze schlagen oder aber mit der Rückseite des Schlägerkopfes, wenn Sie Blade-Eisen verwenden. Die Technik ist in beiden Fällen im Grunde die gleiche. Für den Schlag mit der Schlägerspitze müssen Sie jedoch einen Schläger mit starker Neigung nehmen, um den Ball so hoch wie möglich in die Luft zu bekommen und den Spielraum für einen Fehler zu vergrößern. Aus den gleichen Gründen wählen Sie für einen Schlag mit der Rückseite des Schlägerkopfes einen längeren Schläger.

Sprechen Sie den Ball so an, wie Sie es für einen umgekehrten rechtshändigen Routine-Schlag tun würden. Umfassen Sie den Schläger mit einem linkshändigen Griff, bei dem die linke Hand unter der rechten liegt. Greifen Sie den Schläger zur besseren Kontrolle ziemlich weit unten. Wählen Sie einen engen, offenen Stand, um den Ball sauber zu treffen. Wenn Sie ihn mit der Schlägerspitze schlagen, setzen Sie diese auf den Boden auf. Schlagen Sie ihn jedoch mit der Rückseite des Schlägerkopfes, setzen Sie den ganzen Schläger wie üblich auf, außer daß nun die Schlägerrückseite auf den Ball gerichtet ist. Das geht, wie gesagt, natürlich nur, wenn Sie mit Blades spielen.

In beiden Fällen spielen Sie den Ball vom linken Fuß, um ihn in die Luft zu bekommen. Beim Zielen müssen Sie einkalkulieren, daß er beim Schlag mit der Schlägerrückseite scharf nach links fliegt. Wenn Sie ihn mit der Schlägerspitze spielen, hängt die Flugbahn von der Güte des Schläger/Ball-Kontakts ab. Richten Sie den Körper square zum Ziel aus.

Machen Sie ein paar mehr Übungsschwünge als normal, um sich mit dem Gefühl des linkshändigen Schwungs vertraut zu machen. Schwingen Sie dann so normal wie möglich. Der Ball wird mit steifen Handgelenken geschlagen, wobei der rechte Handrücken zum Ziel zeigt.

Genau wie beim Schlag mit einer Hand ist es sehr wichtig, den Kopf ruhig und die Augen auf den Ball gerichtet zu halten. Sie probieren hier etwas Ungewöhnliches und sind daher besonders versucht, dem Ball nachzublicken. Tun Sie es nicht!

Ich habe in Turnieren schon mehr linkshändige Schläge gespielt als ich mich erinnern will und kann. Eine Gelegenheit ist mir jedoch im Gedächtnis haften geblieben.

Im Chunichi Crowns Turnier in Japan landete mein Ball 135 Meter vom Grün entfernt dicht neben einem Aus-Zaun auf der rechten Seite, so daß mir ein normaler Schlag nicht möglich war. Als mein Caddie Billy Foster merkte, was ich vorhatte, empfahl er mir, den Ball nur vors Grün zu legen. Aber manchmal fühlt man sich zuversichtlich genug, auch einen höchst riskanten Schlag zu wagen, und dies war so eine Gelegenheit.

Ich zog mein Eisen 8 heraus und spielte den Ball mit der Schlägerspitze. Er landete fast auf dem Grün.

Linkshändiger Schlag mit der Schlägerrückseite

OBEN:
Wenn Sie den Ball linkshändig mit der Rückseite des Schlägers spielen, sprechen Sie ihn wie bei einem normalen Schlag an – nur alles umgekehrt. Setzen Sie den Schläger so auf den Boden, daß die Rückseite auf den Ball gerichtet ist.
GEGENÜBERLIEGENDE SEITE. LINKS OBEN:
Spielen Sie den Ball vom linken Absatz, um ihn besser in die Luft zu bekommen.
RECHTS OBEN:
Schwingen Sie so normal wie möglich.
LINKS UNTEN:
Schlagen Sie den Ball mit steifen Handgelenken, wobei der rechte Handrücken zum Ziel zeigt.
RECHTS UNTEN:
Der Ball wird scharf nach links fliegen.

Linkshändiger Schlag mit der Schlägerspitze

*BILDFOLGE RECHTS:
Für den linkshändigen Schlag mit der Schlägerspitze setzen Sie nur diese auf dem Boden auf. Versuchen Sie, so normal wie möglich zu schwingen, und konzentrieren Sie sich darauf, den Kopf ruhig zu halten und während des Schlags im Gleichgewicht zu bleiben. Es ist auch so schon schwer genug, diesen Schlag ordentlich auszuführen.*

SCHWIERIGE LAGEN

AUF DEM FAIRWAY

Nun haben wir unseren Ball zwar aus den Bäumen befreit, aber das heißt noch lange nicht, daß wir damit alle Probleme gelöst hätten. Auf dem Golfplatz findet man seinen Ball häufig an mißlichen Stellen, wo dann ein unorthodoxer Schlag erforderlich wird. Wenn Sie schon nicht das Pech haben, während einer Runde in alle Situationen zu geraten, die ich in diesem Kapitel behandle, so werden Sie sich bei jedem Spiel zumindest in einer wiederfinden.

Langer Schlag aus einem Divot

Ein Divot oder eine Grasnarbe bereitet dem Durchschnittsgolfer meistens größere Sorgen als nötig. Dabei geht es hier in erster Linie darum, die eigene Spielstärke richtig einzuschätzen und seinen gesunden Menschenverstand zu benutzen. Vor allem aber müssen Sie Ihren Ehrgeiz im Clubhaus lassen.

Wenn Sie einen langen Schlag aufs Grün aus einem Divot vor sich haben, analysieren Sie zunächst die Situation. Sie haben vielleicht 180 Meter vor sich, aber das sollte Sie nicht dazu verleiten, nach Ihrem Holz 3 zu greifen. Einen perfekten Schlag mit diesem Holz schaffen Sie aus dieser Lage bestenfalls bei einem von zehn Versuchen. Bei allen anderen Gelegenheiten schießt der Ball höchstens aus dem Loch und kullert vielleicht 30 oder 40 Meter in Richtung Fahne. Dann brauchen Sie auch noch ein langes Eisen zum Grün. Es ist daher viel besser, ein Eisen 5 zu nehmen, so daß Ihnen anschließend nur noch einen Schlag mit dem Wedge bleibt.

Öffnen Sie die Schlagfläche mehr als gewöhnlich, um besser an den Ball heranzukommen. Spielen Sie ihn etwas mehr zum rechten Fuß hin als normal, und verlagern Sie das Gewicht mehr auf die linke als auf die rechte Seite, um den Ball sauber vom Boden zu bekommen. Aus dem gleichen Grund schwingen Sie auch steiler auf und winkeln die Handgelenke früher ab als sonst beim Rückschwung.

Um zu verhindern, daß Sie nur hart in den Boden schlagen, ohne den Ball richtig zu treffen, schwingen Sie auf einer Linie von außen nach innen und schneiden den Ball, damit er sauber heraus fliegt. Aufgrund Ihrer Schwungbahn und der geöffneten Schlagfläche wird er nach rechts von Ihrem Ziel starten, so daß Sie nach links zielen sollten. Der Schnitt bringt ihn zurück auf die Linie.

Durch die Ballposition zum rechten Fuß hin ist die Flugbahn niedriger als normal, und der Ball rollt nach der Landung ziemlich weit. Versuchen Sie also nicht, eine schwierig plazierte Fahne direkt anzugrei-

Langer Schlag aus einem Divot

OBEN: Für einen langen Schlag aus einem Divot sollten Sie nicht mehr Schläger als ein Eisen 5 nehmen. Öffnen Sie die Schlagfläche, und spielen Sie den Ball etwas mehr zum rechten Fuß hin, um einen steileren Schwung zu fördern.
GEGENÜBERLIEGENDE SEITE, LINKS OBEN: Winkeln Sie die Handgelenke frühzeitig ab, und vollführen Sie eine volle Drehung.
RECHTS OBEN: Schwingen Sie auf einer Bahn von außen nach innen, so daß Sie quer über den Ball schneiden.
UNTEN: Der Ball fliegt niedrig aus dem Divot.
SEITE 135: Ein mißglückter Ball schlug zuerst gegen einen Baum und traf dann mich.

Kurzer Schlag aus einem Divot

LINKS OBEN:
Ein Ball in einem Divot direkt vor dem Grün ist nicht gerade die erträumte Krönung eines tollen Schlags.
OBEN MITTE:
Spielen Sie den Ball vom rechten Fuß, und greifen Sie den Schläger etwas kürzer. Die Lage hat eine niedrige Flugbahn des Balls zur Folge. Zielen Sie ein wenig nach links von der Fahne, und öffnen Sie die Schlagfläche.
RECHTS OBEN:
Winkeln Sie die Handgelenke frühzeitig ab, und schwingen Sie auf einer Bahn von außen.
UNTEN MITTE:
Schwingen Sie steil ab und schlagen Sie direkt vor dem Ball zuerst in den Boden.
RECHTS UNTEN:
Halten Sie die Schlagfläche im Treffmoment square, und achten Sie darauf, daß die rechte Hand die linke nicht überrollt.

fen oder den Ball über einen Grünbunker zu spielen, sondern zielen Sie lieber auf eine Stelle, wo er in Ruhe ausrollen kann.

Kurzer Schlag aus einem Divot

Der kurze Schlag aus einem Divot ähnelt dem Explosionsschlag aus einem Bunker. Öffnen Sie die Schlagfläche, und zielen Sie ein wenig nach links von der Fahne, um den Seitwärtsdrall zu kompensieren. Greifen Sie den Schläger zur besseren Kontrolle etwas kürzer. Winkeln Sie die Handgelenke frühzeitig ab, um einen steilen Rückschwung zu erreichen, und schwingen Sie auf einer Außenbahn, um den Ball schnell aus dem Divot zu befördern und zu vermeiden, daß Sie ihn noch tiefer hinein stoßen.

Spielen Sie den Ball vom rechten Fuß, um steil nach unten schlagen zu können. Um die sich aus dieser Ballposition ergebende niedrige Flugbahn auszugleichen, nehmen Sie Ihren Sand-Wedge. Trotzdem dürfen Sie nicht erwarten, den Ball so schnell wie üblich in die Luft zu bekommen. Tragen Sie der niedrigen Flugbahn Rechnung, vor allem, wenn Sie ein Hindernis vor dem Grün überspielen müssen.

Versuchen Sie nicht, den Ball sauber zu treffen, sondern schlagen Sie im Abschwung zuerst direkt davor fest ins Gras. Da Sie zuerst das Gras treffen wollen, müssen Sie härter schlagen als normalerweise bei einem Schlag dieser Weite. Wenn Sie zu vorsichtig sind, wird Ihr Schlag meistens nur ein Shank, und Sie spielen den Ball entweder zu kurz oder meilenweit übers Grün hinaus. Halten Sie die Schlagfläche im Treffmoment square. Die rechte Hand darf die linke nicht überrollen.

Wenn Sie Ihren Schwung entsprechend angleichen und dem Loft des Schlägers die restliche Arbeit überlassen, brauchen Sie das nächste Mal, wenn Ihr Ball wieder in einem Divot landet, nicht wieder mit dem Schicksal zu hadern. Betrachten Sie es statt dessen als eine Gelegenheit, eine weitere Facette Ihrer Spielkunst zu demonstrieren.

Schlag von steinigem Untergrund

Ich wette, diesen Schlag hatten Sie schon ziemlich oft zu spielen. Trotz des vielen Grases auf einem Golfplatz ist es immer wieder erstaunlich, wie häufig ein Ball doch auf einer alten Straße oder einem Weg landet, wo keine Erleichterung in Form eines straflosen Fallenlassens des Balls möglich ist. Obwohl der Boden, von dem Sie ihn spielen, erheblich härter als der Rasen ist, braucht der Schlag selbst überhaupt nicht so hart zu sein.

Von steinigem Boden fliegt der Ball flacher weg, als wenn Sie ihn mit demselben Schläger vom Fairway spielen, da Sie ihn dünner treffen

müssen als auf dem Rasen. Da es schwierig ist, den Ball aus dieser Lage in die Luft zu befördern, müssen Sie einen Schläger mit stärkerer Neigung nehmen, als Sie es normalerweise für die gleiche Entfernung tun würden. Das gilt vor allem, wenn sich auf Ihrer Spiellinie auch noch ein Baum oder Busch befindet.

Bei den Versuchen, ihren Ball in die Luft zu bekommen, beobachte ich häufig in Pro/Am-Turnieren, daß Amateurgolfer den Ball vom Boden löffeln, was unweigerlich zu einem Top führt. Aus lauter Angst vor dem harten Boden begehen Sie genau den Fehler, den Sie unbedingt vermeiden wollen.

Um den steinigen Untergrund zu kompensieren, stehen Sie beim Ansprechen des Balls etwas aufrechter als normal, indem Sie die Füße enger zusammen stellen. Der Ball wird zum rechten Fuß hin gespielt, so daß Sie ihn sauber vom Boden spielen können. Halten Sie aus dem gleichen Grund auch die Hände während des Schwungs vor dem Ball. Im Treffmoment müssen Sie das linke Handgelenk fest halten, damit nicht der gefürchtete schwache, gelöffelte Schlag daraus wird.

Liegt der Ball auf dem steinigen Untergrund obendrein in einer kleinen Vertiefung, müssen Sie noch aufrechter schwingen, damit Sie zuerst in den Boden und dann erst in den Ball schlagen. In diesem Fall sollten Sie ihn sogar noch weiter zum rechten Fuß hin spielen.

Genau diesen Schlag mußte ich in der Dubai Desert Classic 1992 spielen, dem 50. Sieg im Lauf meiner Karriere auf der PGA European Tour. Der üppige Emirates Course wurde, wie Sie vielleicht wissen, mitten in der Wüste angelegt und enthält mehrere Zonen harter, sandiger Wildnis. In der Eröffnungsrunde fand ich meinen Ball auf dem gelben Boden, vom Sand sauber gefegt durch den Wind. Es herrschte immer noch Gegenwind, und ich benötigte ein Eisen 4, um das Grün zu erreichen. Ich spielte den Ball auf die gleiche Art, wie eben beschrieben, und sicherte mir nicht nur mein Par, sondern erzielte sogar ein Birdie. Das war auch wirklich nötig, denn ich gewann das Turnier erst nach einem Stechen mit Ronan Rafferty.

Schlag von lockerem Boden

Wenn sie Ihren Ball in sandigem Ödland oder, wie hier, auf einem mit Nadeln, Zweigen oder Laub bedecktem Untergrund finden, sollten Sie soviel wie möglich von diesen losen Stoffen wegräumen, um die Lage zu erleichtern.
Dabei müssen Sie natürlich aufpassen, daß Sie den Ball nicht bewegen, weil Sie sich sonst eine Strafe zuziehen. In Regel 18–2 heißt es: „Bewegt sich der Ball im Gelände, nachdem der Spieler, sein Partner oder einer ihrer Caddies irgendwelche losen hinderlichen Naturstoffe berührt haben, die innerhalb einer Schlägerlänge vom Ball liegen…, so gilt der

Schlag von steinigem Untergrund

*GEGENÜBERLIEGENDE SEITE, LINKS OBEN:
Da es schwieriger ist, den Ball aus dieser Lage in die Luft zu bekommen, sollen Sie einen Schläger mit größerer Neigung nehmen. Stellen Sie sich beim Ansprechen aufrechter an den Ball als normal, und halten Sie die Füße etwas enger zusammen. Der Ball wird ziemlich weit zum rechten Fuß hin gespielt.
OBEN MITTE UND RECHTS:
Versuchen Sie, den Ball sauber vom Boden zu spielen, aber schwingen Sie normal.
LINKS UNTEN:
Halten Sie das linke Handgelenk im Treffmoment fest. Beide Hände bleiben während des ganzen Schwungs vor dem Ball.
DIESE SEITE, OBEN:
Schwingen Sie voll durch.*

Ball als vom Spieler bewegt, und er zieht sich einen Strafschlag zu."

Entfernen Sie keinen Zweig, der einen anderen Zweig in Bewegung versetzen und der wiederum die Lage Ihres Balls verändern könnte. Damit liegen Sie einen Schlag schlechter und haben noch nicht einmal versucht, Ihren Ball zu schlagen. (Wenn Ihnen das passiert, müssen Sie den Ball vor dem Schlag an die Stelle zurücklegen, an der er ursprünglich lag, sonst ziehen Sie sich noch einen weiteren Strafschlag zu.)

Diese ganze Angelegenheit kann sehr unerquicklich sein. Ich erinnere mich genau, José Maria Olazábal einmal beobachtet zu haben, wie er geduldig Tannennadeln und Zapfen rund um seinen Ball entfernte, nachdem sein Drive in der letzten Runde der Masters 1994 (die er schließlich noch gewann) das 13. Fairway verfehlt hatte. Man darf sich dabei natürlich auch keine Ewigkeit aufhalten, aber übereilen Sie die Sache andererseits nicht so sehr, daß Sie sich einen Extraschlag einhandeln. Wenn Ihre Bemühungen zur Verbesserung Ihrer Lage erfolgreich waren, wird der Schlag wie jeder andere gespielt. Ist die Lage jedoch noch immer nicht besonders gut und liegt noch immer viel Unrat rund um den Ball, sind an Ihrem normalen Schwung ein paar Angleichungen nötig. Heben Sie den Schlägerkopf beim Ansprechen hinter dem Ball hoch, anstatt ihn auf dem Boden aufzusetzen. Vielleicht machen Sie es ja immer so, wie zum Beispiel auch Jack Nicklaus, aber in diesem Fall ist es besonders wichtig. Es ist eine weitere Sicherheitsmaßnahme, um Sie vor einer unbeabsichtigten – und teuren – Bewegung des Balls zu bewahren.

Aus dieser Art Lage müssen Sie den Ball mit einem steil abfallenden Schlag treffen, um das Risiko zu reduzieren, daß sich der Schlägerkopf vor dem Treffmoment in den losen Naturstoffen verfängt. Dazu sollten Sie den Ball vom rechten Fuß spielen, die Hände während des ganzen Schwungs vor dem Ball halten und den größten Teil des Gewichts auf die linke Seite verlagern. Die Umstände der Lage und der Auftreffwinkel nehmen dem Schläger Loft. Kalkulieren Sie dies ein, und nehmen Sie einen Schläger mit größerer Neigung, als Sie normal für einen Schlag über diese Entfernung verwenden würden.

Schlag über ein Hindernis

Viele Golfer machen sich schon große Sorgen über einen Schlag wie diesen, bevor sie ihren Ball überhaupt erreichen. Sie denken bereits daran, daß sie, wenn sie ihn verpfuschen, im Bunker, Wasser oder sonst einem Hindernis landen. Die meisten Pros dagegen beachten diese Dinge gar nicht. Sie sehen nur das Grün und die Fahne, an die sie ihren Ball spielen wollen, und nicht das, wohin er nicht fliegen soll.

Ein anderer Fehler, den Amateurspieler häufig begehen – vorausgesetzt, daß sie nicht im Wasser landen –, ist, daß sie selten mit ihrem

Schlag zum Grün die Fahne irgendeines Lochs erreichen. Wenn Sie das nächste Mal spielen, sollten Sie im Anschluß an die Runde noch einmal überdenken, wie oft Ihr Annäherungsschlag zum Grün – ganz gleich, aus welcher Entfernung – am Loch vorbei rollte, anstatt davor zu landen. Ich wette, nicht oft, und dabei gibt es an den meisten Löchern viel mehr Schwierigkeiten vor dem Grün als dahinter.

Bei den längeren Schlägern ergibt sich dieser Irrtum meist dadurch, daß viele Golfer nicht genug Schläger nehmen. Sie denken anscheinend, daß sie den Ball weiter schlagen, als es effektiv der Fall ist, oder sie nehmen an, diesmal ganz bestimmt den Schlag ihres Lebens zu spielen.

Wenn Sie den Ball nicht zu kurz spielen wollen, sollten Sie sich vorstellen, zur Fahnenspitze zu zielen und nicht zum Fahnenende am Boden. Mit diesem Ziel vor Augen verschwindet auch das Wasser aus Ihrem Gedächtnis. Denken Sie einfach nicht an das Wasser.

Der auf den Seiten 144 und 145 abgebildete Schlag ist ein mit einem Pitching-Wedge oder Sand-Wedge gespielter kurzer und dazu noch nicht einmal ein voller Schlag. Der Ball hat eine durchnittliche Rough-Lage in langem Gras, nicht besser oder schlechter, als Sie sie auf jedem normalen Platz finden.

Stellen Sie sich mit geöffnetem Stand an den Ball, und spielen Sie ihn aus der Mitte. Halten Sie die Hände beim Ansprechen vor dem Ball, so daß Sie steil nach unten schlagen können, um ihn in die Luft zu bekommen. Greifen Sie den Schläger, wie ich auf den Abbildungen, etwas weiter unten, so daß Sie den Ball härter und mit einem volleren Schwung treffen können, der wiederum zu einem volleren Durchschwung führt. Dies ist besser als ein kürzerer Schwung oder – oft ein noch schlimmerer Fehler – ein weicherer Schlag. Vor allem für Amateurgolfer ist ein voller Schlag häufig besser als ein Finesse-Schlag. Und das gilt vor allem, wenn Ihnen immer noch das Wasser im Kopf herumspukt! Achten Sie darauf, im Treffmoment unten zu bleiben. Wenn Sie zu schnell aufblicken, kommen Sie unter Umständen tatsächlich mit dem Wasser in Konflikt. Überlassen Sie es dem Schläger, den Ball in die Luft und zur Fahne zu befördern. Schließlich wollen Sie den Ball und nicht Ihren Körper übers Wasser bringen.

Im Ryder Cup-Einzel 1995 gegen Tom Lehman in Oak Hill hatte ich das Eröffnungsloch verloren. Das zweite Loch ist ein relativ kurzes Par 4, und Tom war mit zwei Schlägen auf dem Grün, etwa drei Meter vom Loch entfernt. Ich lag mit zwei Schlägen etwa 20 Meter von der Fahne entfernt. Auf halbem Weg versperrte mir ein Bunker den Weg, und danach hatte ich leider auch nicht sehr viel Grün zur Verfügung. Sobald ich den Schlag gespielt hatte, wußte ich, daß er gut war, aber er stellte sich sogar als noch besser heraus als gedacht, denn der Ball sprang ins Loch. Als Lehmann seinen Putt verfehlte, lagen wir gleich. Leider war mein langes Spiel an jenem Tag so schlecht und Toms so gut, daß ich am 15. Grün das Match doch noch verlor. Aber an jenem Tag, als Europa

Schlag von lockerem Boden

GEGENÜBERLIEGENDE SEITE LINKS OBEN UND MITTE: Versuchen Sie, soviel von dem Unrat zu entfernen, wie Sie können, ohne den Ball zu bewegen.
LINKS UNTEN: So sieht das Ergebnis Ihrer kleinen „Gartenarbeit" aus – ein normal spielbarer Ball..
OBEN: Seien Sie beim Berühren eines Blatts oder Zweigs sehr vorsichtig. Wenn Sie den Ball dabei bewegen, ziehen Sie sich einen Strafschlag zu.
DARUNTER: Halten Sie sich zurück, wenn der Ball auf einem Zapfen oder ähnlich dickem Gegenstand liegt, der, wenn man ihn entfernt, wiederum den Ball in Bewegung versetzen könnte.

Schlag über ein Hindernis

RECHTS OBEN:
Richten Sie sich so aus, daß Sie den Ball aus der Mitte des Stands spielen, und halten Sie die Handgelenke vor dem Ball. Greifen Sie den Schläger, wie ich hier auf der Abbildung, etwas tiefer, so daß Sie den Ball mit einem fast vollen Schwung schlagen können.
DARUNTER:
Ich wähle einen offenen Stand, um den Ball leichter in die Luft zu bekommen.
RECHTS AUSSEN:
Die Länge des Schwungs hängt von der Entfernung ab, die Ihr Ball überbrücken muß. Stellen Sie sich vor, der Schaft des Schlägers sei eine Verlängerung Ihres linken Arms.
SEITE 145:
Bleiben Sie im Treffmoment unten, schlagen Sie den Ball voller Selbstvertrauen, und überlassen Sie es dem Schläger, den Ball über das Wasser und zur Fahne zu bringen.

Schlag aus dem Wasser

OBEN:
Versuchen Sie nicht, Ihren Ball aus dem Wasser zu spielen, wenn nicht mindestens ein Viertel des Balls oberhalb der Wasseroberfläche sichtbar ist.
GEGENÜBERLIEGENDE SEITE, RECHTS:
Ziehen Sie Ihre wasserdichte Hose über!
RECHTS AUSSEN, OBEN:
Achten Sie auf einen festen Stand.
MITTE:
Öffnen Sie die Schlagfläche leicht, und spielen Sie den Ball etwas weiter zum rechten Fuß hin.
UNTEN:
Schwingen Sie den Schläger auf einer steilen Bahn zurück, und winkeln Sie die Handgelenke frühzeitig und voll ab.
SEITE 148:
Schlagen Sie hart hinter dem Ball in den Boden, als würden Sie einen Explosionsschlag aus einem Bunker spielen.
SEITE 149:
Sie können sehen, daß meine Hände vor dem Schlägerkopf geblieben sind. Wie beim Schlag aus dem Sand fliegt der Ball weich aus dem Hindernis.

schließlich ein nervenaufreibendes Turnier gewonnen hatte, fühlte ich mich ohnehin wie ein Sieger.

Schlag aus dem Wasser

Wenn Ihr Ball platschend im Teich verschwindet, ist es meist am sinnvollsten, ihn für unspielbar zu erklären und mit einem Strafschlag fallenzulassen. Unter gewissen Umständen lohnt es sich aber vielleicht doch, die Situation etwas genauer zu betrachten. Spielen Sie nie aus dem Wasser, wenn nicht mindestens ein Viertel des Balls über der Oberfläche ist. Ansonsten empfiehlt es sich immer, ihn fallenzulassen, und zwar aus einem einfachen Grund: Wenn Licht durch die Wasseroberfläche dringt, bricht es sich in einem bestimmten Winkel. Das heißt, wenn Sie Ihren Ball unter Wasser zu sehen meinen, sehen Sie in Wirklichkeit nur die Reflektion des Balls – der Ball liegt nicht an der Stelle, wo Sie glauben. Als ob Sie nicht schon genügend Probleme zu bewältigen hätten!

Versuchen Sie jedoch den Ball zu spielen, dann müssen Sie auf einen festen Stand achten. Dieser Schlag ist auch so schon schwer genug, so daß Sie sich nicht auch noch Gedanken darüber machen können, selbst ins Wasser zu fallen. Der nächste Schritt betrifft Ihre Kleidung: Ziehen Sie sich Ihre wasserdichte Jacke und Hose über, denn Sie werden sie brauchen. Da Wasser genau wie ein Bunker ein Hindernis ist, dürfen Sie den Schläger nicht aufsetzen – oder, in diesem Fall, ins Wasser senken. Mit anderen Worten dürfen Sie vor dem Schlag die Wasseroberfläche nicht berühren. Die Technik für diesen Schlag ähnelt der für einen Schlag von einer überhängenden Bunkerkante, obwohl Sie aus dem Wasser vielleicht lieber Ihren Pitching-Wedge als Ihren Sand-Wedge verwenden sollten, weil die schärfere Unterkante leichter durch das Wasser schneidet.

Öffnen Sie beim Ansprechen die Schlagfläche leicht, spielen Sie den Ball etwas rechts von der Mitte Ihres Stands, und schwingen Sie den Schläger auf einer steilen Bahn zurück, wobei Sie die Handgelenke voll und frühzeitig abwinkeln. Schlagen Sie unter Wasser sehr hart direkt hinter dem Ball in den Boden, genau als würden Sie einen Explosionsschlag aus dem Sand spielen. Die Hände bleiben die ganze Zeit vor dem Ball, und Sie müssen im Treffmoment unten bleiben. Widerstehen Sie der Versuchung, zu früh aufzublicken, um das Ergebnis Ihrer Kunst zu begutachten. Wegen des spritzenden Wassers benötigen Sie Ihre wasserdichte Kleidung. Ähnlich wie beim Schlag aus dem Sand fliegt der Ball weich heraus.

Der Schlag aus einem Wasserhindernis ist sehr riskant. Nachdem Sie alle Möglichkeiten kennen, einschließlich der Regeln über das Fallenlassen des Balls, die ihrerseits je nach Art des Wasserhindernis unterschiedlich sind, sollten Sie sich Regel 26 genau durchlesen.

SPIEL BEI WIND UND WETTER

DIE RECHNUNG MIT DEM WETTER

Wenn Sie die Wahl hätten, würden natürlich alle Golfer lieber bei ruhigen, freundlichen Witterungsbedingungen spielen als bei starkem Wind, der einen guten Schwung und die genaue Einschätzung der Entfernung erschwert. Aber niemand kann den Wettergott beeinflussen. Betrachten Sie Wind also als eine Herausforderung, die Sie genießen sollten. Wenn Sie widrigen Witterungsbedingungen mit dieser inneren Einstellung begegnen, haben Sie bessere Chancen, Timing und Tempo nicht zu verlieren. Eine private Runde können Sie als Gelegenheit ansehen, Ihre Fertigkeit in den einzelnen Schlägen weiter zu verbessern. In einem Turnier sollten Sie daran denken, daß der Wind für alle gleichermaßen weht und daß der Spieler, der ihn mit einer positiven Einstellung angeht, wahrscheinlich auch am besten abschneidet.

Bei der British Open im Juli eines jeden Jahres haben wir normalerweise immer ziemlich windiges Wetter, aber so sollte es auch sein. Beim Design der großartigen Links der britischen Inseln ging man davon aus, daß der Wind weht. Die Elemente sind ein fester Bestandteil dieser Golfprüfung. Da ich in der Küstenstadt Pedrena aufwuchs, habe ich mich schnell an die Tatsache gewöhnt, daß ruhige Tage die Ausnahme und nicht die Regel waren. Wie Sie sicherlich wissen, ist die Bucht von Santander nicht gerade für ruhiges Wetter berühmt.

Bei Wind müssen Sie damit rechnen, daß Ihr Score in die Höhe geht. Lassen Sie sich von den Ergebnissen nicht aus der Fassung bringen. Wenn Sie normalerweise eine 80 spielen, können es an einem windigen Tag leicht 85 oder gar 90 Schläge werden. Nehmen Sie das einfach als gegeben hin, denn schließlich trifft es alle gleich. Ich habe schon häufig in meiner Karriere bei schlechtem Wetter eine 72 gespielt, die ich viel höher einschätzte als die tags zuvor erzielte 65, als die Sonne schien und die Fahnen bewegungslos an der Stange herabhingen.

Wenn Sie sich das nächste Mal an einem windigen Tag auf den Golfplatz begeben und diese Einstellung zu eigen machen, werden Sie vielleicht angenehm überrascht sein, wie gut Sie spielen. Denken Sie nicht: „Bei diesem Wetter werde ich den Ball nie ordentlich treffen", denn dann werden Sie es auch nicht. Ihre negative Geisteshaltung wird dazu führen, daß sich Ihre Voraussage tatsächlich bewahrheitet. Statt dessen sollten Sie Ihr persönliches Par dem Tag anpassen. Nehmen Sie sich vor, eine 85 oder 90 zu spielen, und basieren Sie Ihren Spielplan für jedes Loch auf diese Prämisse. Auf diese Weise werden Sie letztlich vielleicht näher an die 80 herankommen, und Sie werden sich positiver und zuversichtlicher fühlen, als wenn Sie sich von vornherein geschlagen geben.

Sie müssen Ihre Strategie dem Wetter anpassen. Der Wind wird zwangsläufig einen Einfluß auf die Hindernisse haben, die ins Spiel kommen. Bei Gegenwind haben Sie vielleicht Probleme, einen Teich zu überspielen, den Sie bei ruhigem Wetter mühelos schaffen. Bei Rückenwind liegen eventuell jene schrecklichen Bunker in 220 Meter Entfernung in Reichweite Ihres Drivers. Bei Seitenwind kann ein entfernt liegendes Aus plötzlich zu einer Bedrohung werden. Kalkulieren Sie alle diese Faktoren vor Ihrem Schlag ein.

Schlag gegen den Wind

Im Gegensatz zu dem, was Sie vielleicht denken, wenn Sie bei Gegenwind spielen, sollten Sie auf gar keinen Fall wie verrückt auf den Ball dreschen. Bei Gegenwind wird jeder Drall verstärkt, so daß Sie den Ball eher leichter und weicher schlagen müssen, um den Rückwärtsdrall zu reduzieren und zu vermeiden, daß er auf Ballonfahrt geht. Wenn Sie bei Gegenwind den Ball zu hart schlagen oder zu schnell schwingen, verlieren Sie leicht das Gleichgewicht und ruinieren den Schlag.

Um die Wirkung des Gegenwindes auszugleichen, nehmen Sie etwas mehr Schläger. Je stärker der Wind weht, umso länger sollte der Schläger sein. Für die normale Weite mit einem Eisen 7 müssen Sie unter Umständen sogar ein Eisen 4 nehmen. Die meisten Amateurspieler unterschätzen die Windstärke und überschätzen ihre eigene Spielfertigkeit. Zugegeben, es ist nicht leicht, sich für ein Eisen 4 zu entscheiden, wenn Ihre Entfernung zur Fahne weniger als 125 Meter beträgt, aber ich wette, daß Sie bei Gegenwind Ihren Ball nicht häufig übers Grün schlagen.

Greifen Sie den Schläger etwas weiter unten. Auf diese Weise verbessern Sie Ihr Gefühl für den Schlag und können leichter einen niedrig fliegenden Ball spielen. Achten Sie darauf, die Hände während des Schwungs vor dem Ball zu halten, und verlagern Sie den größten Teil Ihres Gewichts auf die linke Seite. Auch mit diesen beiden Angleichungen halten Sie den Ball niedrig.

Durch die Gewichtsverlagerung auf die linke Seite wird die Länge des Schwungs automatisch beschränkt. Ein kompakter – sagen wir – Dreiviertelschwung ist unter den gegebenen Umständen die sicherste Strategie, um die Bewegung weich und rhythmisch zu halten, während der Wind an Ihnen zerrt. Vielleicht sollten Sie bei besonders starkem Wind auch einen etwas breiteren Stand einnehmen, um Ihr Gleichgewicht zu verbessern.

Ich wähle die für den Schlag übliche Ballposition. Spielt man den Ball zu weit vom rechten Fuß, wie viele Leute raten, gibt man ihm zu viel Rückwärtsdrall. Diese Ballposition führt häufig zu einem schwachen Schlag, der den Ball hoch in die Luft steigen läßt, anstatt ihn kraftvoll unterhalb des Winds zum Ziel zu katapultieren.

Beim Abschwung müssen Sie sich darauf konzentrieren, das Griff-

Schlag gegen den Wind

DIESE SEITE OBEN:
Greifen Sie den Schläger etwas kürzer, um Ihr Gefühl für den Schlägerkopf zu verbessern. Verlagern Sie Ihr Gewicht auf die linke Seite.
MITTE OBEN:
Schwingen Sie den Schläger auf einer flachen Schwungebene um den Körper. *RECHTS OBEN:* Achten Sie auf einen rhythmischen und weichen Schwung.
MITTE UNTEN:
Halten Sie die Hände während des Schwungs vor dem Ball.
RECHTS UNTEN:
Halten Sie den Schlägerkopf niedrig am Boden, und treiben Sie den Ball in Richtung Ziel, während Sie den Schwung mit einem ausgewogenen Finish beenden.

ende des Schlägers vor der Schlagfläche zu halten. Auf diese Weise bleibt der Ball leichter unter dem Wind. Das Gefühl, das Sie im Treffmoment haben sollten, ist, den Schlägerkopf niedrig am Boden zu halten und den Ball mit Ihrem Durchschwung auf einer flachen Flugbahn zu verfolgen. Im Grunde ist dies eine Bewegung wie aus einem Guß. Es gibt bei diesem Schlag keinen allzu starken Hand- oder Handgelenkeinsatz.

Beim Abschlag gegen den Wind teen Sie den Ball ein wenig niedriger als normal auf, um wiederum eine flachere Flugbahn zu erzielen. Achten Sie besonders auf Ihren Stand. Der Wind stößt Sie nach hinten, und da Sie mit dem Driver den größten Schwungbogen beschreiben, könnten Sie leicht das Gleichgewicht verlieren. Also: Schwingen Sie leicht.

Gegenwind hat jedoch auch einen großen Vorteil. Er eignet sich vorzüglich zum Trainieren. Wenn Sie zum Hook oder Slice neigen, wird der Wind diese Fehler noch verstärken, und Sie können solange daran arbeiten, bis Ihre Bälle gerade fliegen. Wenn Sie den Ball bei Gegenwind gerade schlagen können, wissen Sie, daß Ihr Spiel in Ordnung ist.

Schlag mit dem Wind

Wenn Sie einen Fußball mit dem rechten Fuß kicken, senkt sich die rechte Körperseite automatisch unter die linke, während Sie den Fuß nach vorn stoßen, und das Gewicht bleibt nach dem Treffmoment hinter dem Ball. Das gleiche gilt für den Golfschlag, vor allem beim Spiel mit dem Wind.

Bei Rückenwind haben Sie manchmal das Gefühl, als könnte gar nichts schief gehen. Ihr Drive fliegt ungeheuer weit. Sie können mit einem langen Eisen, wenn Sie es korrekt spielen, ein entfernt liegendes Grün treffen. Vor lauter Aufregung über einen möglichen sensationellen Schlag sollten Sie aber nicht das Wesentliche aus den Augen verlieren. Es gibt kaum ein demoralisierendes Gefühl im Golf, als sich ganz und gar auf einen tollen Schlag vorzubereiten und ihn dann gründlich zu verpfuschen.

Bei Rückenwind wollen Sie den Ball in die Luft bekommen, um die Elemente auszunutzen. Verlagern Sie daher Ihr Gewicht beim Ansprechen auf die rechte Seite. Spielen Sie den Ball vom linken Fuß, gegenüber Ihrem linken Absatz, oder sogar von noch weiter vorn, um den Handeinsatz in der Treffzone zu fördern.

Der Schwung selbst ist steil, so daß der Ball nach oben getrieben wird. Schwingen Sie den Schläger im Rückschwung verhältnismäßig steil nach oben, so daß Sie im Abschwung auch einen entsprechend spitzen Auftreffwinkel erhalten. Im Treffmoment sollten Sie das Gefühl haben, als würden Sie die rechte Seite unter die linke stoßen. Genau wie beim Fußball sollten Sie möglichst lang bis ins hohe Finish hinein

Schlag mit dem Wind

GEGENÜBERLIEGENDE SEITE:
Das Gewicht ruht hauptsächlich auf der rechten Seite, und der Schwung ist steiler als normal. Im Treffmoment sollten Sie das Gefühl haben, als würden Sie die rechte Seite unter die linke stoßen. Beenden auch Sie, wie ich hier auf der Abbildung, den Schwung mit einem hohen Finish.

Schlag bei Seitenwind von rechts

NÄCHSTE SEITE VON LINKS NACH RECHTS UND VON OBEN NACH UNTEN:
Um den Ball von links nach rechts zu spielen, öffnen Sie Ihren Stand, spielen den Ball ziemlich weit vom rechten Fuß und greifen den Schläger etwas kürzer. Nehmen Sie einen längeren Schläger als normal für diese Entfernung und schwingen Sie nur zu Dreiviertel auf. Zu Beginn des Rückschwungs sollten Sie das Gefühl haben, als würden Sie die Hände vom Körper trennen. Versuchen Sie, quer über den Ball zu schneiden. Die linke Hand kontrolliert den Schlag, so daß Sie den Schläger mit dieser Hand etwas fester greifen als normal. Der Schlägerkopf darf nicht vor die Hände geraten. Nach dem Treffmoment dominiert die linke Seite den Durchschwung bis ins Finish.

hinter dem Ball bleiben. Teen Sie Ihren Ball am Abschlag höher auf als normal. Wahrscheinlich empfiehlt es sich sogar, lieber ein Holz 3 als einen Driver zu nehmen. Dadurch fliegt der Ball schneller in die Luft, so daß Sie den Wind noch besser nutzen können. Außerdem spielen die meisten Amateurspieler mit einem Holz 3 beständiger als mit einem Driver. Für einen Annäherungsschlag oder einen Abschlag an einem Par 3-Loch brauchen Sie je nach Windstärke einen kürzeren Schläger als normal.

Rückenwind verringert gewöhnlich den Drall, den Sie Ihren Bällen geben, sei es Seitwärtsdrall nach links oder rechts oder Rückwärtsdrall. Kalkulieren Sie daher ein, daß der Ball nach der Landung weiter als üblich rollt. Rückenwind erschwert auch das Stoppen des Balls auf dem Grün oder die Kontrolle über einen nicht ganz vollen Annäherungsschlag. Aus diesem Grund sollten Sie sich lieber einen vollen Pitch-Schlag zur Fahne lassen als einen halben Wedge-Schlag mit Rückenwind.

Schlag bei Seitenwind von links

Den meisten Golfern bereitet Seitenwind größere Probleme als Gegenwind. Welche Art Seitenwind sie schwieriger finden, hängt von der Flugbahn der Schläge ab, die sie normalerweise spielen. Die beste Strategie bei Seitenwind ist ein Schlag in den Wind hinein, so daß gleichzeitig die Wirkung der Kurvenbahn des Balls als auch des Winds auf den Ball reduziert wird. Wenn Sie in einen Wind spielen, der von links nach rechts weht, müssen Sie den Ball als Draw spielen, dessen Technik ich bereits auf Seite 102 beschrieben habe.

Stellen Sie sich sowohl mit geschlossener Schlagfläche als auch geschlossenem Stand an den Ball, damit die Flugbahn Ihres Balls in gewünschter Weise verläuft. Die Schlagfläche zeigt zum Ziel, und der Ball wird zum rechten Fuß hin gespielt. Greifen Sie den Schläger etwas kürzer, um ihn besser unter Kontrolle zu bekommen. Bei diesem Schlag wird das Handgelenk nicht besonders stark abgewinkelt. Dagegen überrollt die rechte Hand die linke im Treffmoment, um dem Ball den erforderlichen Drall zu geben. Mehr als einen Dreiviertelschwung benötigen Sie nicht, denn schließlich wollen Sie nicht riskieren, Ihr Gleichgewicht zu verlieren.

Da Sie nicht voll schwingen und den Neigungswinkel des Schlägers effektiv reduzieren, indem Sie ihn weiter unten greifen, sollten Sie zumindest einen, eventuell sogar zwei Schläger mehr nehmen, um einzukalkulieren, daß der Wind die Flugbahn Ihres Balls begradigt und daher seine Weite reduziert. Da Sie in den Wind hinein schlagen, wird der Ball nach der Landung rasch stoppen.

Alternativ wollen Sie Ihren Ball vielleicht vom Wind tragen lassen, um eine maximale Weite zu erzielen, vor allem, wenn Sie mit dem Driver abschlagen. Dann müssen Sie einen Fade spielen, der uns zur zweiten Art von Seitenwind führt.

Schlag bei Seitenwind von rechts

Wenn der Wind Ihren Ball tragen soll und Sie einen Draw in einen Wind von rechts nach links ziehen wollen, wenden Sie die eben beschriebene Technik an. Aber Vorsicht! Durch die Kombination von Draw-Drall und Windrichtung von rechts wird der Ball lang durch die Luft getragen. Zielen Sie daher weit nach rechts von der Stelle, wo der Ball landen soll. Sollte das jedoch vielleicht bedeuten, daß Sie ins Aus zielen, ist eventuell eine Überprüfung Ihrer Taktik angebracht.

In den meisen Fällen ist die beste Strategie ein Schlag von links nach rechts in den Seitenwind hinein. Nehmen Sie einen offenen Stand ein, spielen Sie den Ball ziemlich weit zum rechten Fuß hin, und greifen Sie den Schläger weiter unten. Die Einleitung des Rückschwungs erfolgt außerhalb der Linie, als ob Sie die Hände vom Körper trennen wollten. Um im Gleichgewicht zu bleiben, schwingen Sie nur zu Dreiviertel auf und nehmen einen längeren Schläger, um den Verlust an Weite durch den Wind auszugleichen.

Im Abschwung sollten Sie das Gefühl haben, als würden Sie quer über den Ball schneiden, wobei die Handgelenke kaum abgewinkelt sind. Da der Schlag von der linken Hand kontrolliert wird, greifen Sie den Schläger mit dieser Hand etwas fester als normal. Achten Sie darauf, daß der Schlägerkopf nicht vor die Hände gerät. Nach dem Treffmoment soll die linke Seite – linke Hand und Körper – den Durchschwung dominieren.

Die Haltung im Durchschwung weist genau darauf hin, was wir erreichen wollten: den Ball in diesem Wind von rechts nach links zu halten. Sie erinnert mich auch daran, wie Lee Trevino und Paul Azinger ihren Schwung beenden. Es gibt keine zwei Golfer, die ihren Ball besser von links nach rechts spielen können als sie.

STRATEGIE

TROUBLE-SCHLÄGE

Mit Ihrem letzten Schlag haben Sie sich also in Schwierigkeiten gebracht, und in nicht geringe. Was ist jetzt zu tun? Nun, zunächst einmal müssen Sie sich die richtige Einstellung aneignen. Sie brauchen nicht nur Phantasie, um sich Ihren nächsten Schlag vorzustellen und die Geschicklichkeit, ihn auszuführen, sondern Sie benötigen dafür auch die richtige Geisteshaltung. Jedesmal, wenn Sie nach einem mißglückten Schlag im Unterholz nach Ihrem Ball suchen und mit der Einstellung darangehen, daß er sicherlich unspielbar sein wird, dann wird er es wahrscheinlich auch sein. Die richtige geistige Einstellung ist die Voraussetzung für den Erfolg.

Wenn ich meinen Ball ins Gebüsch schlage, wie es mir im Ryder Cup 1995 im Einzel gegen Tom Lehman häufig passierte, hatte ich auf dem Weg zu meinem Ball immer nur den einen Wunsch, er möge so liegen, daß ich Gelegenheit zu einem Schwung habe. Wenn ein Golfer seinen Schläger schwingen kann, gibt es meistens auch eine Chance, und sei sie auch noch so klein – entweder nach vorn, nach hinten, nach rechts oder links. Die Frage ist nur, wie?

Bevor Sie zu Ihrem Ball gelangen, um sich seiner genauen Lage zu vergewissern, kennen Sie bereits die Entfernung zum Grün oder zu Ihrem nächsten Ziel. Bei richtig schwierigen Schlägen spielt jedoch die Weite unter Umständen gar keine Rolle. Das wichtigste ist in diesem Fall, den Ball aus seiner mißlichen Lage zu befreien. Die Entfernung ist aber in einem anderen Zusammenhang wichtig. Wenn Sie z.B. feststellen, daß der beste Weg aus der Bredouille seitwärts aufs Fairway ist, dürfen Sie nicht so viel Schläger nehmen – oder vor lauter Frust, den Ball herauszubekommen, ihn so hart schlagen –, daß Sie ihn sauber übers Fairway ins Rough oder in ein Hindernis auf der anderen Seite befördern. Oder – wenn Sie zu einem anderen Ziel spielen, weil es für Ihren unmittelbaren Zweck besser geeignet ist, wie z.B. einem Bunker, überlegen Sie erst einnmal gründlich, was Sie vorhaben und wie dies am besten zu erreichen ist.

Analyse

Sobald Sie entschieden haben, mit welchem Schlag Sie am sichersten aus der schwierigen Lage herauskommen, müssen Sie sich überlegen, wie der Ball unter den gegebenen Umständen wohl reagieren wird. Seine Lage wird sein Flugverhalten entscheidend beeinflussen.

Liegt der Ball zum Beispiel hangaufwärts, haben Sie vielleicht die Möglichkeit, ihn in die Höhe zu schlagen, eventuell durch eine Lücke zwischen den Bäumen hindurch – die „Notluke", wie ich es nenne. Verläuft das Gelände nach unten, wäre dieser Ausweg nicht empfehlenswert. Sie müssen Ihre Schlägerwahl auf diese Faktoren abstimmen.

Am letzten Loch der letzten Runde der European Masters/Swiss Open 1993 lag mein Ball im Rough, und die einzige Möglichkeit, ihn seitlich herauszuspielen, war eine kleine Baumlücke. Ich öffnete die Schlagfläche meines Pitching-Wedge und tat genau das. Der Schlag funktionierte. Warum ging ich ein derartiges Risiko ein? Das werde ich Ihnen im nächsten Kapitel erklären.

Alternative Annäherung

Der Lieblingsbegriff von Nick Price im Golf ist „vorsichtige Agression". Es ist eine gute Beschreibung der Haltung, die Sie auf dem Platz haben sollten. Ich bin kein Befürworter von waghalsigen Schlägen, die nicht funktionieren können. Selbst Golf-Pros spielen in großen Turnieren nicht unbedingt aggressiv.

Nick Faldo sagte zum Beispiel, daß er nur einen riskanten Schlag wagt, wenn er eine 90prozentige Erfolgschance hat. Mein eigener Risikofaktor dürfte eher bei 80 Prozent liegen, aber obwohl ich verstehe, was Nick meint, ist es eigentlich unmöglich, das Risiko in solchen Situationen prozentual einzuschätzen. Jeder Fall, jeder Schlag muß gesondert betrachtet werden.

Bei der Überlegung, ob Sie den riskanten Schlag wagen oder lieber vorsichtig spielen sollten, müssen Sie bedenken, an welchem Loch Sie sich befinden, welche Runde es ist und an welcher Position im Turnier Sie stehen. Die Situation ist unter Umständen auch anders, wenn es sich um ein Lochspiel statt eines Zählspiels handelt. Im ersteren Fall kommt es darauf an, wie Ihr Gegner steht.

Wenn Sie Ihren Ball auf Sicherheit zur Seite heraus spielen, bleibt Ihnen vielleicht noch ein Schlag mit dem Eisen 7 zum Grün. Wählen Sie den riskanteren Weg und sind erfolgreich damit, haben Sie unter Umständen immer noch einen Wedge-Schlag vor sich. In beiden Fällen können Sie bestenfalls mit drei Schlägen auf dem Grün landen. Der einzige Vorteil, den Sie aus der riskanten Variante ziehen können, wäre also ein Wedge-Schlag gegenüber einem Annäherungsschlag mit dem Eisen 7. Mit anderen Worten: Es lohnt sich nicht, ein Risiko einzugehen, bei dem Sie, wenn der Schlag mißlingt, das Grün schließlich mit nur sechs Schlägen erreichen.

In der European Masters/Swiss Open 1993 in Crans-sur-Sièrre hatte ich am letzten Loch des Turniers einen schwierigen und höchst riskanten Wedge-Schlag zurück aufs Fairway gespielt. Nach bereits zwei Schlägen an diesem kurzen Par 4 lag der Ball nun etwa 30 Meter von der Fahne entfernt, und ich benötigte ein Birdie, um noch eine

Chance zum Sieg zu haben. Mit einem Bunker zwischen meinem Ball und dem Loch schienen die Aussichten hierfür nicht allzu rosig. Ich traf den Ball jedoch sehr sauber, er landete auf dem Grün und rollte ins Loch. Trotzdem hatte das Märchen kein Happy-End, denn Barry Lane gewann das Turnier schließlich mit einem Schlag Vorsprung.

Diesen komplizierten Wedge-Schlag hätte ich nicht riskiert, wenn wir – selbst in der letzten Runde – erst am zehnten Loch gewesen wären und nicht am 18. Es wäre ein zu großes Risiko gewesen, völlig unnötig, wenn noch genügend Löcher zu spielen sind, um verlorenen Boden wieder wettzumachen. Aber am letzten Loch war es meine einzige Chance zum Sieg, wenn auch nur eine kleine. Ich mußte sie ergreifen. Jetzt oder nie. Ich setze immer auf Sieg, und es wäre mir nicht im Traum eingefallen, in einer solchen Situation einen sicheren Chip zu spielen und als Zweiter zu enden.

Sie müssen entscheiden, ob sich das Risiko eines waghalsigen Schlags lohnt, und sich genau überlegen, was Sie erreichen wollen. Was die eigentliche Ausführung des Schlags anbelangt, so hängt es davon ab, was Sie dafür tun müssen. In den letzten Kapiteln haben wir gesehen, was zu tun ist, wenn man einen Ball hoch schlagen möchte (wie ich hier) oder flach, als Draw oder als Fade. Wenden Sie das Gelernte nun an. Führen Sie den Schlag entschlossen aus, und blicken Sie nicht zu früh auf, um zu sehen, wohin Ihr Ball fliegt. Wenn Sie sich dazu verleiten lassen, werden Sie vielleicht feststellen müssen, daß er immer noch in einem Busch oder Zweig direkt vor Ihren Füßen liegt.

Fallenlassen mit Strafschlag

Bevor Sie einen sehr riskanten Schlag wagen, sollten Sie auch die Möglichkeit eines Strafschlags mit den in den Regeln vorgesehenen drei Optionen durchgehen, die Sie haben, wenn Sie Ihren Ball für unspielbar erklären. In den mit Wirkung vom 1. Januar 1996 vom Royal & Ancient Golf Club of St. Andrews und der United States Golf Association revidierten Golfregeln wird dieses Problem unter Regel 28 abgehandelt. Ich zitiere wörtlich:

„Der Spieler darf seinen Ball an jedem Ort auf dem Platz für unspielbar erklären, außer der Ball ist in einem Wasserhindernis. (Diese Situation haben wir in Kapitel 6 behandelt.) Ob der Ball unspielbar ist, unterliegt einzig und allein der Entscheidung des Spielers.

Erachtet der Spieler seinen Ball für unspielbar, so muß er unter Hinzurechnung einer Strafe von einem Schlag

a. einen Ball so nahe wie möglich der Stelle spielen, wo der ursprüngliche Ball zuletzt gespielt wurde (siehe Regel 20–5), oder

b. einen Ball innerhalb zweier Schlägerlängen von der Stelle, wo der Ball lag, nicht näher zum Loch, fallenlassen oder

---

Analyse

GEGENÜBERLIEGENDE SEITE:
Die Lage sieht vielleicht nicht sehr vielversprechend aus, aber bevor Sie entscheiden, ob Sie einen Schlag wagen wollen, müssen Sie die Folgen abwägen – und diese können unterschiedlich sein – je nach Loch, das Sie spielen, je nachdem, ob es sich um ein Lochspiel oder ein Zählspiel handelt, je nach Stand des Spiels oder der Runde, und je nach den Möglichkeiten, die Sie haben, wenn Sie sich für das Fallenlassen des Balls mit einem Strafschlag entscheiden.

NÄCHSTE SEITE:
Bevor Sie eine Entscheidung treffen, sollten Sie sich umsehen, ob es nicht irgendwo eine „Notluke" gibt, wie ich es nenne. In diesem Fall ist es eine Lücke zwischen den Bäumen, die sich je nach Lage des Balls als bessere Alternative erweisen könnte – vielleicht lohnender als ein Fallenlassen mit einem Strafschlag und weniger riskant als ein Schlag seitlich heraus. Bedenken Sie vor einem solchen Schlag immer alle Umstände, und zwar nicht nur die obenerwähnten Faktoren, sondern auch Ihre eigene Spielstärke.

c. einen Ball in beliebiger Entfernung hinter dem Punkt fallenlassen, wo der Ball lag, wobei dieser Punkt auf gerader Linie zwischen dem Loch und der Stelle, wo der Ball fallengelassen wird, liegen muß.

Ist der unspielbare Ball in einem Bunker, so darf der Spieler nach a., b. oder c. dieser Regel verfahren. Verfährt er nach b. oder c., so muß ein Ball in dem Bunker fallengelassen werden.

Der nach dieser Regel aufgenommene Ball darf gereinigt werden.

Die jeweilige Strafe für einen Regelverstoß ist beim Lochspiel Lochverlust und beim Zählspiel zwei Schläge.

Bei der Möglichkeit a. müssen Sie an die Stelle zurückgehen, wo Sie den ersten Ball gespielt haben (Regel 20–5). Sie müssen also abwägen, was besser für Sie ist: zurückzugehen oder den Ball innerhalb zweier Schlägerlängen fallenzulassen. Für b. sollten Sie sich nur entscheiden, wenn Ihr Ball dann wirklich besser liegt. Unter Umständen schaffen Sie sich auch mit c. die größte Erleichterung.

Sie müssen entscheiden, ob eine dieser drei Alternativen besser ist, als den Ball zu spielen, wie er liegt. Und diese Entscheidung können nur Sie allein treffen, je nach Stand des Spiels oder der Runde und Ihrer eigenen Fähigkeiten.

Laut Golfregeln liegt die Entscheidung einzig und allein bei Ihnen. Ihr Gegner oder Mitbewerber hat nichts dazu zu sagen. Und vergessen Sie auch nicht, die nach dieser Regel gebotene Möglichkeit zu nutzen, den Ball, falls nötig, zu reinigen.

Wenn Sie sich für den Strafschlag entschieden haben, können Sie nun eventuell das Grün direkt angreifen. Ich erinnere mich, in der ersten Runde der Open 1988 in Royal Lytham & St. Annes, die ich später gewann, mich jeweils am 14. und 18. Loch für einen Strafschlag für eine unspielbare Lage entschieden zu haben. Beide sind schwierge Par 4-Löcher, und ich spielte nur jeweils ein Bogey. Trotzdem erzielte ich noch eine 67.

Meine fünf Schläge am 14. Loch sind ein gutes Beispiel für das, worüber ich eben sprach. Ich hookte meinen zweiten Schlag ins Gebüsch auf der linken Seite kurz vor dem Grün. Nach Abwägung aller Möglichkeiten entschied ich mich für Option c. Ich ließ meinen Ball auf der Linie zwischen der Stelle, wo er gelegen hatte, und dem Loch in etwa 110 Meter Entfernung fallen. Nun kam mein vierter Schlag. Mit einem Eisen 7 spielte ich den Ball bis auf viereinhalb Meter ans Loch und lochte den Putt ein. Daran ist doch nichts auzusetzen, oder?

Mit einem Strafschlag für eine unspielbare Lage können Sie an einem Par 4-Loch mit drei Schlägen auf dem Grün sein und immer noch die Chance zum Par haben. Selbst wenn Sie Ihren Recovery-Schlag durch die Bäume hindurch peitschen und den Ball mit zwei Schlägen zurück aufs Fairway bringen, sind Sie auch nicht besser dran.

Alternative Annäherung

*RECHTS, GEGENÜBERLIE-GENDE SEITE UND NÄCHSTE SEITE:
Hier ziele ich auf die „Notluke". Bei einem solchen Schlag müssen Sie ganz sicher sein, daß die Lage des Balls es erlaubt, ihn in die Luft zu bekommen, und daß auch die Bodenbeschaffenheit günstig ist. Eine Lage hangaufwärts wäre hilfreich. Bei schlechter Lage oder abfallendem Gelände sollten Sie keinen Gedanken an einen solchen Schlag verschwenden. Spricht jedoch alles für ein Gelingen des Schlags, dann gehen Sie ihn mutig an, indem Sie all das beherzigen, was Sie aus diesem Buch gelernt haben. Halten Sie gut das Gleichgewicht, und schlagen Sie den Ball mit aller Entschlossenheit.*